Das Buch

»Mehr literarischer Zunder muß her« fordert Joseph von Westphalen gegen Ende dieses Bandes, wo er einer neuen Kultur des Schimpfens vehement das Wort redet. Vorsichtshalber liefert er besagten Zunder in den vorliegenden *Fünfundzwanzig neuen Entrüstungen* zur Zeitgenossenschaft gleich vorneweg: Ob er das königliche Brettspiel Schach als brutales Killerspiel entlarvt, mit dem die Spieler-Intelligenzija den laufenden Irrsinn der Weltgeschichte immer wieder neu inszeniert. Ob er seinen Ekel gegen die professionellen Trauerarbeiter zum Ausdruck bringt, die sich um so emsiger bewältigend in die Vergangenheit knien, je mehr Leute die Sünden ihrer Väter vergessen. Oder ob er schlicht eine »anständige nihilistische Zerrissenheit à la Heinrich Heine« anvisiert. Joseph von Westphalen schreibt, ein Quentchen Selbstironie nicht vergessend, mit lustvoller, praller Polemik an gegen die kollektive Dumpfheit alles Unreflektierten.

»Es tröstet, wenn in einer Welt der Bildschirmstatements und der Hofberichterstattung allerorten das Wort auf einmal wieder zur Waffe wird . . . Westphalens Texte können nicht überlesen werden.« (Westfälischer Anzeiger)

Der Autor

Joseph von Westphalen, geboren 1945 in Schwandorf/Oberpfalz, ist promovierter Germanist, freier Schriftsteller, Mitarbeiter u. a. der Zeitschriften *TransAtlantik, Kursbuch, ZEIT-Magazin* und des Bayerischen Rundfunks. Er lebt in München.

JOSEPH VON WESTPHALEN

WARUM ICH TROTZDEM SEITENSPRÜNGE MACHE

Fünfundzwanzig neue Entrüstungen

WILHELM HEYNE VERLAG
MÜNCHEN

HEYNE ALLGEMEINE REIHE
Nr. 01/9377

Einzig berechtigte Taschenbuchausgabe
Wilhelm Heyne Verlag GmbH & Co. KG, München
Printed in Germany 1995
Umschlagillustration: Volker Kriegel
Umschlaggestaltung: Atelier Ingrid Schütz, München
Gesamtherstellung: Ebner Ulm

ISBN 3-453-08203-6

Inhalt

Warum ich nicht Schach spiele 7
Warum ich kein Feuerzeug benutze 11
Warum ich trotzdem schreibe 16
Warum ich trotzdem nicht baue und spare . . . 34
Warum ich nichts besetzen mag 38
Warum ich trotzdem fernsehe 42
Warum ich trotzdem nichts gegen Beamte habe . 50
Warum ich misanthropisch bin und bleibe 54
Warum ich trotzdem für Autorenlesungen bin . 60
Warum ich trotzdem gegen Profis und für Dilettanten bin 65
Warum ich trotzdem keine Fragen habe 70
Warum ich mich trotzdem nicht scheiden lassen will 74
Warum ich trotzdem nichts von Mythen wissen will 78
Warum ich meine Vergangenheit trotzdem bewältige 83
Warum ich trotzdem kein Alkoholiker bin . . . 100
Warum ich trotzdem Seitensprünge mache . . . 104
Warum ich lieber hysterisch bin 109
Warum ich nichts wegwerfe 124
Warum ich trotzdem keine Zeit habe 130
Warum ich links und rechts trotzdem nicht verwechsle 134
Warum ich ein Heuchler bin 140
Warum ich mich trotzdem nicht herausfordern lasse 144
Warum ich keinen Service haben will 149
Warum ich lieber döse als lese 154
Warum ich nicht immer bissig sein will 159

◆◆◆◆◆◆◆◆◆◆◆◆◆◆◆ WARUM ◆◆◆◆◆◆◆◆◆◆◆◆◆◆◆ ICH NICHT SCHACH SPIELE

Spiele haben ihr Image und ihre Verächter. Skat gilt als Spiel fürs einfache Volk, Bridge ist etwas für feine Pinkel, Monopoly für Wucherer, Dame und Mühle spielen nicht altern wollende Pfadfinder, und würfeln tun Zuhälter und Soldaten. Nur das Schachspiel hat keine Gegner. Schach wird für ein stilles und intelligentes Spiel gehalten, ein Spiel für scharfe Denker, für Leute mit Kopf, für Rechner, die sich nicht auf ihr Glück verlassen. Vor Schach haben sogar Gangster Respekt.

Das hohe und ungetrübte Ansehen des Schachspiels ist mir schon immer auf die Nerven gegangen. Eine Sache, die keine Feinde hat, muß ihre Haken haben. Feinde hat Schach deswegen nicht, weil es den Ruf eines Intelligenz-Spiels hat. Wer also etwas gegen Schach sagt, der erhebt seine Stimme gegen die Intelligenz, und das ist unklug. Wer schlecht Schach spielt, zweifelt nie am Schachspiel, sondern immer an sich selbst. Dies ist das Perfide am Schach und mein erster Einwand: daß es als ein Meßinstrument des Denkvermögens angesehen wird. Der miserable Schachspieler muß sich für einen geistigen Schwächling halten.

Aus mir spricht gereifte Erfahrung. Die wenigen Partien, die ich jemals spielte, quälten mich, ob ich gewann oder verlor. Ich bekam Kopfschmerzen, Magenzwicken, Ohrensausen und nervöse Beine. Nach jedem Spiel war mir übel. Dies alles hielt ich, mit einiger Trauer, für Symptome meiner überforderten Intelligenz. Offenbar war ich doch nicht der klare Denker, für den ich mich gehalten hatte. Das Schachspiel hatte mir meine Grenzen gezeigt.

Inzwischen weiß ich längst, daß nur der Ekel mir solche Pein verursachte. Denn das edle Brettspiel hat durchaus seine widerwärtigen Züge. Unter dem Deckmantel des logischen Denkens wird auf den 64 Feldern eine gräßliche Schlacht geschlagen. Es werden Fallen gestellt, es wird umzingelt, belagert, verfolgt; es gibt Angriff und Rückzug, es werden – eine besonders verräterische Formulierung – Figuren »geopfert«, bevorzugt Bauern; es wird immer mehr in die Enge getrieben, es wird gedroht, gemetzelt; es gibt immer mehr Tote und schließlich muß sich einer der beiden befeindeten Könige ergeben, oder er wird matt gesetzt.

Das Schachspiel ist auf nichts als auf die Vernichtung des Gegners ausgerichtet. Es schließt unbarmherzig den glücklichen Zufall aus, der einem im Leben gelegentlich weiterhilft. Nur die Fehler des Gegners helfen einem weiter. Es ist ein Spiel ohne Gnade, ohne Charme, ohne Witz. Ein Spiel fürs Offizierskasino.

Natürlich sind Schachspieler besonders friedliche und sanfte Menschen, und ich möchte jetzt auch nicht in ihre Seelen blicken und herumspekulieren, ob sie innerlich blutrünstig sind oder ob sie am Ende deswegen so friedfertig sind, weil sie sich mit ihren Bauern und Läufern und Türmen und Rössern austoben können.

Die schönsten Elfenbeinfiguren und die raffiniertesten Züge können nicht darüber hinwegtäuschen, daß Schach ein brutales Killerspiel ist, der vornehme Vorgänger der Computer-Video-Spiele, an denen auf den Bildschirm glotzende Halbwüchsige irgendwelche Feinde bekämpfen.

Überhaupt ist die Verbindung von Schach und Computer nicht von ungefähr. Denn die vertrottelte Logik des Schachspiels, die nichts als den Sieg durch ein dauerndes Vermeiden von allen nur möglichen Fehlern im Sinn hat, ist auch die dem Computer eingebleute Denkweise. Daher hat sich der Schachcomputer in jüngster Zeit auch zum Trainingspartner des leidenschaftlichen Schachspielers entwickelt. Ihm kann es jetzt der Denkstratege am Brett zeigen, daß er immer noch der Bessere ist.

Denn ständig will der Schachspieler besser sein. Das hat er mit den Fußballspielern gemeinsam, aber die lehne ich auch ab. Ich lehne überhaupt alle Spiele ab, wo man gewinnt und verliert, und besonders solche, wo man Weltmeister werden kann. Das Gestrampel um den Sieg kann ich nicht normal finden.

Da wird herausgefordert, da werden Titel verteidigt, da geht es ja zu wie im richtigen Leben. Wenn ich spiele, dann möchte ich mich vom Leben erholen. Das Schach aber wiederholt nur den Irrsinn der Weltgeschichte auf einem kleinen Brett. Man strengt sein Hirn ausschließlich dazu an, den Gegner möglichst schnell auszurotten, und man hat die Partie auch dann gewonnen, wenn das eigene Heer weitgehend abgeschlachtet ist. Allein der König, dieses unbewegliche Monstrum, muß geschützt werden.

Natürlich begreifen die Schachspieler ihr Gemetzel nicht als traurige Parabel der Völkerschlachten, sondern als vergnüglichen Denksport. Man runzelt die Stirn wie ein Generalstäbler und zieht dabei an seiner Pfeife. Man übt seinen Geist. Man ist stolz auf seine überaus sinnvolle Freizeitbeschäftigung.

Seinen eigenen Kindern verbietet man jegliche Art von Kriegsspielzeug, aber dem Ältesten bringt man schon mit acht, neun, zehn das königliche Brettspiel bei, denn man mißt seine Kräfte gern mit dem Nachwuchs und freut sich als guter Vater über den ersten Sieg des Sohnes. Der taugt zum Leben.

Ob auf Rasen, Aschenbahn oder auf dem Schachbrett – Sport ist immer Mord. Das eitle Messen der Kräfte hat etwas Stumpfsinniges an sich. Und jeder Pokerspieler, der mit falschen Karten sein Gegenüber betrügt, jeder verärgerte Mensch-ärgere-dich-nicht-Spieler ist mir lieber als diese

Pseudologiker am Schachbrett, bei diesem ach so demokratischen Spiel, bei dem der Hochschulphilosoph mit dem Automechaniker, der Pfarrer mit dem Bürgermeister ihr abstraktes Vernichtungsdenken üben.

Ist denn, zum Teufel, die Logik nur dazu da, daß man sich wortlos vernichte? Die Frauen wissen schon, warum sie dieses durch und durch männliche Spiel meiden – von Ausnahmen abgesehen, die dann, zu allem Überfluß, nicht einmal hormongestörte Diskuswerferinnen sind oder vom Damenbart heimgesuchte Buchhalterinnen, sondern, so will es die unerbittliche Wirklichkeit, Schönheiten mit langen Wimpern, die es sich und der Schachwelt beweisen, daß man auch mit gutem Aussehen klug sein kann. – Aber es ist ja eben nicht klug, ein Meister im Schachspiel zu sein. Es ist vielmehr gemein. Und die Gemeinheit kommt bekanntlich des öfteren mit hübschem Augenaufschlag daher.

Den Hunderten von Schachclubs aller Länder, den Groß- und Klein- und Weltmeistern, den Simultanprofis, den Wunderkindern und Wundergreisen rufe ich mutig entgegen: Schach ist Schwachsinn, ist Computerlogik, ist Zeitverschwendung. Schach ruiniert das Denken, wie das Fahren auf kreuzungsfreien Schnellstraßen den Ortssinn ruiniert: Um zehn Meter nach links zu kommen, muß man einen drei Kilometer langen Rechtsbogen fahren. Das macht verrückt.

Die Logik ist nicht dazu da, um zu gewinnen, sondern um sich gute Argumente gegen die Spielregeln auszudenken, um das Quadrat zu verhöhnen und um geometrische Muster zu mißachten, um im richtigen Augenblick auf den Tisch zu hauen, daß all die sorgsam plazierten Figuren endlich zu tanzen beginnen und hoffnungslos durcheinandergeraten.

◆◆◆◆◆◆◆

◆◆◆◆◆◆◆◆◆◆◆◆◆◆ WARUM ◆◆◆◆◆◆◆◆◆◆◆◆◆◆ ICH KEIN FEUERZEUG BENUTZE

Manchmal denke ich mir, ob ich nicht meine Haltung des dauernden Widerstands aufgeben sollte. Dann spüre ich jene Mattigkeit in mir, die alle Aufständischen irgendwann befällt, ehe sie sich verlegen ächzend in die Polster ihrer schließlich doch erworbenen Limousinen und Eigenheime zurücklehnen. Ist ständiges Trotzen nicht kindisch? Wäre es nicht an der Zeit, ein wenig zu resignieren und sich mit den Tatsachen abzufinden: gemütlich Zeitung zu lesen, ohne dieses lästige Bedürfnis, die Köpfe der Regierenden mit Litern von Wasser zu waschen und die Schrankwände und Sitzgruppen der Möbelindustrie zu zertrümmern. Vielleicht sollte man die Fahrräder mit Plastikspeichen und Cockpit-Look-Steuer statt Lenkstange einfach hinnehmen wie auch die immer mehr um sich greifende Unsitte, bei Beerdigungen keine dicken Kränze mehr auszulegen, sondern nur noch Kunstseidenschleifen mit dem goldgedruckten Hinweis, statt in verwelkendes Gebinde habe man das Geld in eine Spende investiert.

Ursache meiner jüngsten Entrüstungsmüdigkeit war ein freundlicher Herr, den ich um Feuer gebeten hatte. Als ich ihm nach Gebrauch sein Feuerzeug dankend zurückschob, ließ er zu meiner Überraschung die Bemerkung fallen, ich hätte wohl etwas gegen sein Feuerzeug. Tatsächlich hatte mich das Instrument irritiert, was ihm offenbar aufgefallen war. Es war ein schlichtes, schweres, schönes Feuerzeug, und obwohl ich absolut nichts von wertvollen Dingen verstehe, war mir klar, daß ich hier etwas ganz Erlesenes benutzt hatte, was mich an diesem unglücklichen Nachmittag irgendwie erboste. Das souveräne Lächeln, mit dem der Herr zur

Kenntnis nahm, daß ein Unwürdiger seine Edelmetall-Kostbarkeit benutzt hatte, die Selbstgefälligkeit, mit der er den teuren Schatz zurück in seine Westentasche gleiten ließ, brachten mich auf die Idee, etwas gegen Feuerzeuge zu schreiben.

Nun sitze ich da, und das Thema quält mich. Selten habe ich so wenig Haare zu fassen bekommen, um Argumente gegen etwas herbeizuziehen. Das Fürchterliche sind diesmal nicht die Feuerzeugbenutzer. Fürchterlich ist vor allem die Nähe des Themas zum *Beschaulichen*.

Betrachtungen über Bügelfalten und Cordhosen, Halstücher und Schlipse, Dosen- und Flaschenbier, Zugabteile und Großraumwagen, Unkrautjäten und Wildwuchs oder eben über Feuerzeuge und Streichholzschachteln geraten so elend leicht in jenen provinziellen Wochenend-Feuilletonstil; ja, sie bekommen geradezu etwas Vorweihnachtliches. Oder auch etwas Osterglockenhaftes. Offenbar immer etwas Festtägliches. Entsetzliche Texte. Da wird gewägt und gewogen, sehr geistvoll und sehr überflüssig. Mit leichter Hand wird mit Bildung gespielt. Es ist die schauderhafte Kategorie des *Heiter-Besinnlichen,* in die man zu geraten droht, wenn man sich über Dinge wie Feuerzeuge ausläßt.

Daß alles zwei Seiten hat, lernt man schon im Gymnasium, und man lernt es entgegen Senecas pseudokeckem Ausspruch nicht für die Schule, sondern tatsächlich fürs Leben. Denn immerfort muß abgewogen werden. Soll man in der Stadt oder auf dem Land wohnen? Auto oder Straßenbahn benutzen, Steuern hinterziehen oder nicht? Heiraten oder nicht – nicht einmal damit ist es entschieden; jetzt ist auch noch zu überlegen, mit welcher Frau man weniger unglücklich wird. Kinder, ja oder nein, wenn ja, wie viele? Wenn nein, Haustiere? Hund oder Katze? Einen interessanten Beruf, der einen auffrißt, oder einen, wo man in Muße verblödet – das alles ist ja nicht einerlei.

Geht man, zermürbt von den Entscheidungen und Widersprüchen, in ein Lokal, so martert einen dort die Vielfalt der auf der Karte angebotenen Speisen und Getränke. Aber sollte man deswegen in einem Ostblock-Land um Asyl bitten, weil einem dort Entscheidungen abgenommen werden und die Kneipe nur ein Gericht auf der Pfanne hat?

Das Leben ist ein einziger Besinnungsaufsatz. Wir kommen darüber nicht hinaus. Und die Philosophen und Feuilletonisten tun auch nichts anderes als in ihren Texten den Faden zwischen Für und Wider hin und her zu knüpfen, heiter, besinnlich, moderat, erörternd und ausgewogen.

Daher: Nein zum Feuerzeug. Kein *klares Nein* und auch kein *Nein in aller Offenheit* – das bleibe den Politikern vorbehalten. Aber doch ein entschiedenes, diffuses, unsinniges, heimtückisches, beiläufiges Nein. Ich bin gegen Besinnungsaufsätze und gegen Feuerzeuge. Daher für Themenentgleisungen und Streichhölzer.

Ich weiß, wovon ich spreche. Ich besaß einmal Feuerzeuge, die ich sämtlich verlor, was allerdings nicht gegen Feuerzeuge spricht. Verlust macht reif. Ach, mein schöner flacher Knipser, eingemäntelt in echtes Krokoimitat, ausgerechnet in einem Touristen-Nepp-Restaurant in Venedig ließ ich ihn liegen, ich hätte mir einen würdigeren Abschiedsort vorstellen können. Und mein spanisches Luntenfeuerzeug wurde mir auch nicht von einer aberwitzig rassigen Tunesierin nach einer vorgespielten Liebesnacht entwendet, sondern völlig unerotisch von meinen Kindern im Sandkasten vergraben.

Die Art des Feuerzeugs legt seinen Benutzer fest, und eben dies will ich vermeiden. Trage ich ein altertümliches, stinkendes Benzinfeuerzeug mit mir herum, so ist es klar, welche Art von Aufmerksamkeit ich mit dem asozialen Brenner wecken will. Ein protziges Feuerzeug ist nicht weniger verräterisch.

Vor einigen Jahren trat das wartungsfreie Wegwerffeuerzeug seinen Siegeszug an, eine demokratische Schöpfung, von

Arbeitern wie Direktoren benutzt, also eine Lüge. Auch lehne ich es ab, weil ich die Wegwerferei nicht ausstehen kann. Außerdem findet sich auf diesen Feuerzeugen immer häufiger Reklame für Lebensmittelketten, für Auto-, Benzin- und Zigarettenmarken. Damit gibt der Benutzer nicht mehr seine Individualität zu erkennen, sondern nur sein Zugehörigkeitsgefühl zu einem Konzern, oder zumindest seine maßlose Gleichgültigkeit, von einem solchen sich als Werber benutzen zu lassen. Dem allem läßt sich sehr leicht entrinnen, wenn man das nötige Feuer mit Streichhölzern erzeugt. Das Streichholz ist diskret und schweigsam. Wenn auch hier seit Aufhebung des Monopols die Etiketten auf den Schachteln zunehmend penetranter werden und das Wort »Zündi« für das ehrwürdige Holz alles übertrifft, was an neudeutschen Wortschöpfungen auf den Sprachmarkt kommt, so kann man doch auf ausländische Fabrikate ausweichen, die das ästhetische Empfinden nicht beleidigen und zudem den Anschein erwecken, man komme gerade von weither.

Ist das mein Ernst? Natürlich nicht. Es ist ganz einerlei, ob man ein Feuerzeug benutzt oder nicht, oder welches. Ganz und gar nicht einerlei aber ist es, mit welchem Bewußtsein man es benutzt oder verschmäht. Und ein Feuerzeug ist hier nur eines der zahlreichen Accessoires des täglichen Lebens, mit denen wir uns schmücken oder nicht. Das protzige oder affige, das moderne oder nostalgische, das billige oder teure Feuerzeug ist wie alles andere auch verzeihlich nur dann, wenn man eine akzeptable Begründung liefern kann, warum man es benutzt.

Alles ist verräterisch, womit sich einer umgibt, mit fast allem macht man sich verdächtig. Und so peinliche Dinge wie ein dickes oder sportliches Auto sind nur dann verzeihlich, wenn die Erklärungen dazu wirklich plausibel sind. Das ist bei Fahrern von dicken und sportlichen Autos nur sehr selten der Fall.

Nichts ist selbstverständlich. Man muß sich rechtfertigen können: für Schlipse, Aktenkoffer und eine allzu gepflegte Wohnungseinrichtung sowieso; aber auch, wenn man zwischen Regalen aus Apfelsinenkisten haust. Selbst die Art der Fahrräder, der Hosenbeine und der Hemdkragen verlangt nach Erklärung. Alles sagt etwas aus, und wehe, wer sich nicht einleuchtend dazu äußern kann, wer sich nichts dabei denkt und nur mit den Schultern zuckt.

◆◆◆◆◆◆◆

◆◆◆◆◆◆◆◆◆◆◆◆◆◆ WARUM ◆◆◆◆◆◆◆◆◆◆◆◆◆◆ ICH TROTZDEM SCHREIBE

Es war zu einer Zeit, da man der schweren und gelehrten Texte müde wurde. Der Untergang der Welt war wieder einmal nah, man sehnte sich nach Witz und Unterhaltung. Leichte Kost mit Ballaststoffen war in allen Bereichen gefragt, und genau dies konnte ich herstellen, denn der tiefste und der diskursivste Denker bin ich nicht, auch nicht der gebildetste. Kein Wort Latein habe ich je verstanden, doch gibt es Übersetzungen; und wie leicht kann man imponieren und überzeugen, wenn man den richtigen Satz mit der nötigen Lässigkeit zitiert. So sage ich etwa mit dem Horaz: »Ich kann nicht Heldenlieder singen, für heroische Stoffe bin ich zu klein. Nach Art der Biene der Heimat, die am Waldrand und an den Wässern still und emsig süßen Honig sammelt, ersinne ich, mäßig im Können, mühsam nur kleinere Lieder. Ich dichte vom Essen und Trinken und von den Mädchen nur, die mit Nägeln so spitz drohen der Jünglingsschar; selbst verliebt nicht dabei oder, wenn doch verliebt, leichthin scherzend nach meiner Art.«

Das leichte Tändeln war es, das literarische Konjunktur hatte, und also waren meine Texte gefragt. Dabei fühlte ich mich als eine Art Aufguß des Puschkinschen Helden Eugen Onegin, von dem es heißt, er sei »der modischen Schönheiten modischer Feind«. Und so verhöhnte ich auf Bestellung, für gutes Geld und aus tatsächlicher Verärgerung alles, was Mode war und dümmlich von sich reden machte: Saunaschwitzer und Sportler, Weltraumfahrer und betuliche Kindsväter, Umweltministerien und Astrologiezirkel. Ich ging so weit, die Trägerinnen von sogenannten aparten Spitzendessous der

Kleinbürgerideologie zu bezichtigen und die neumodischen Autoformen der aggressiven Homosexualität, die erst im Zustand des Auffahrunfalls ihre wahre Erfüllung fänden. Kein Redakteur wagte, meine Texte zu verändern. Mein Leid bestand allein darin, daß die Zeitschriften, die meine Scherze druckten, oft »Glosse« oder »Satire« darüberschrieben und in törichten Vorspannen auf meine »spitze Feder« hinwiesen oder auf mein angebliches »Augenzwinkern«, damit nur kein Leser den Hohn gar zu ernst nähme.

Es konnte nicht ausbleiben, daß ich eines Tages auch eine sogenannte Glosse darüber zu schreiben hatte, warum ich denn schreibe. Als der Text von der Setzerei kam, schön ausgedruckt auf große Korrekturfahnen, bereit, noch poliert zu werden, stopfte ich die Blätter in meine Jackentasche und suchte ein mir angenehmes Café auf. »Wie ähnelte er einem Dichter, wenn er allein in einem Winkel saß«, schreibt Puschkin über den unpoetischen Eugen Onegin; vielleicht könnte ich dieses Zitat noch zur Selbstverspottung in meinen Text einflechten, dachte ich, als ich mich an einem freien Ecktisch niederließ. »Gähnend griff er zur Feder«, schreibt Puschkin weiter, »doch ausdauernde Arbeit war ihm ein Greuel: Nichts rann aus seiner Feder, und er geriet nicht in die arrogante Gilde jener Leute, über die ich mich eines Urteils enthalte, weil ich nämlich selbst zu ihr gehöre.« – Ich entfaltete meine Korrekturfahnen und machte mich daran, meinen eigenen Text durchzusehen, eine Tätigkeit, die ich noch immer mit dem größten Vergnügen ausübe. – Ich las:

Kneipen und Cafés sind heute voller Menschen, die stapelweise umweltfreundliches Papier vor sich liegen haben, abwaschbare oder auch nicht abwaschbare, aber immer doppeldicke Schulhefte oder gar jene Bücher mit unbedruckten Seiten, dem Fachmann seit jeher als sogenannte »Dummies« von den Buchmessen bekannt, die jetzt als »Leerbücher« auf den Markt geworfen werden, um die Bedürfnisse der Schreibwütigen zu stillen. Die machen nicht nur ein paar konfuse Notizen. Die denken sich auch keine Gedichte mehr aus. Die füllen in rasender Geschwindigkeit Seite um Seite.

Diese Leute braucht man nicht zu fragen, warum sie schreiben. Mit entwaffnender Naivität würden sie sagen, daß sie ihre Beziehungen aufarbeiten. Sie schreiben sich frei, wie sie sagen. Sie klären auf 300 Seiten das Verhältnis zu ihrer geschiedenen Frau oder lösen sich mit 20jähriger Verspätung aus den Klauen ihrer Eltern und finden zu ihrer wahren Sexualität. Ein verschwindend geringer Anteil dieser selbstaufklärerischen Beziehungsgeschichtenerzähler findet einen Verlag.

Ganz anders die Profis, die gedruckte Bücher vorweisen können. Wenn wieder mal eine neue Veröffentlichung erschien, dann kommt unweigerlich der Interviewer angereist. Und wenn dem gar nichts mehr einfällt oder wenn er das neue Buch aus Zeitmangel noch nicht lesen konnte, dann wird er nach einer gedankenvollen Pause, so als erfinde er jetzt eine besonders vertrauliche Frage, vom Autor wissen wollen: *Warum schreiben Sie?*

Autoren lieben diese Frage. Da sie als dumm gilt, kann man herablassend antworten. Gleichzeitig gibt sie Gelegenheit, bedeutungsvoll sein schriftstellerisches Credo aufzusagen; eine Gelegenheit, die sich nicht alle Tage bietet.

Die einen glauben, etwas bewirken zu können, die anderen glauben das nicht. Zwischen diesen beiden Polen geht es hin und her. Ein bißchen erheitern, ein bißchen belehren, ganz wie vor 2000 Jahren bei Horaz. Von Selbstverwirklichung und Kreativität redet natürlich keiner, so schlau sind sie alle. Das sind die Motive der Dilettanten.

»Aber ich würde meinen, daß es mir in meinen Büchern darauf ankommt, gesellschaftliche Strukturen freizulegen«, meint der Autor von heute, räumt aber bereitwillig ein:

»Natürlich ist eine gewisse therapeutische Funktion beim Schreiben nicht auszuschließen.« – Wenn Schriftsteller gefragt werden, sprechen sie wie Politiker. Alles wird »mit größter Vorsicht« behauptet und nur »ins unreine«, so als seien irgendwelche Verhandlungen noch nicht abgeschlossen. Illusionen gelten als naiv, Skepsis ist immer gut. Auch sollte man nicht verschweigen, daß man in seinen Romanen Utopien entwirft. Utopien sind auch gut, egal ob positive oder negative.

Manche haben sich eine schnippische Antwort zurechtgelegt und hoffen, daß die vielleicht in einem Zeitungsbericht als Schlagzeile Verwendung findet und damit für Aufmerksamkeit sorgt; so etwa die Behauptung: »Ich schreibe jetzt, weil ich im Alter etwas Vernünftiges zum Lesen haben will.«

Neuerdings treten auch wieder Autoren auf, die auf die Frage nach ihren Schreibmotiven ratlos stammeln, es überkomme sie einfach, ein Zwang sei das, sie wüßten auch nicht warum. Solche Auskünfte rücken den Schreibvorgang in die Nähe von Brechreiz und Durchfall; angestrebt ist aber wohl eher das Image des von den Genien heimgesuchten Poeten, das sich in irrationalistischen Phasen des kulturellen Lebens immer gut verkaufen läßt.

Die wenigsten Autoren können es sich leisten, materielle Gründe anzugeben. Das wäre natürlich eine schöne harte Antwort: Ich schreibe, weil ich Geld verdienen muß. Aber da sie alle von ihren Frauen leben oder von ihren Volks-, Gymnasial- oder Hochschullehrergehältern und die mickrigen Tantiemen für die mageren Auflagen ihrer Bücher kein Geheimnis sind, fällt diese smarte Antwort flach.

Kaum bekannt ist, daß viele Autoren vor allem schreiben, um damit Steuern zu sparen. Jede Urlaubsreise läßt sich nämlich steuerlich absetzen, wenn man glaubhaft genug versichert, der nächste Roman spiele eben dort, wo man die Ferien verbrachte. Das wäre doch wenigstens einmal ein Interview mit einer Aussage:

– Warum schreiben Sie?
– Um abzuschreiben.
– Das ist interessant. Sie verwenden also literarische Versatzstücke, Sie kompilieren? Kann man es Textcollagen nennen, was Sie herstellen?
– Ganz falsch. Ich collagiere nichts. Ich schreibe, um Steuern abzuschreiben. Ich will diesen Staat, der uns alle betrügt, so gut ich kann betrügen, verstehen Sie.

Das hört man selten oder nie. Das zuzugeben sind die meisten Autoren nicht kaltschnäuzig genug. So ungeniert sie Innerstes nach außen kehren, so scheu verbergen sie die finanzielle Wahrheit. Wie alle anderen Bürger auch reden sie immer ganz leise, wenn es ums Finanzamt geht. Als würde der Feind mithören. Dabei ist es doch ehrenvoll, die Steuereintreiber am Plündern seines sauer verdienten Geldes zu hindern. Und sei es mit Hilfe eines Buches, an dem man angeblich oder tatsächlich zwei Jahre lang schreibt; das zwar, wenn es jemals gedruckt wird, nur 1800 Mark Tantiemen abwirft –: aber die Recherchen mit dieser kostspieligen Reise in die Karibik haben glatt 50 tausend Mark verschlungen. Damit haben sich in geradezu traumhaftem Ausmaß abschreibbare Ausgaben angesammelt, mit denen sich die Steuern für die hohen Nebeneinkünfte als Gutachter und Berater bequem senken lassen. Das Geheimnis der unermeßlich vielen ungelesenen Bücher und Sachbücher ist, daß die als Professoren, Gutachter und Berater dick verdienenden Autoren damit Steuern sparen. Hinter dieses Geheimnis ist bisher noch nicht einmal ›Der Spiegel‹ gekommen.

Kaum ein Autor gibt zu, aus Geltungsbedürfnis zu schreiben. Sigmund Freud, selbst ein ausgezeichneter Schriftsteller, behauptete in einer Vorlesung 1908, oder war's 1911, den Dichter treibe nichts anderes als die Sucht nach Ruhm und nach der Liebe schöner Frauen ans Papier – einer der wenigen Gedanken des Seelenforschers, denen ich bedingungslos zustimmen möchte. Auch heute kann man als Autor beeindrucken. Poesie ist noch immer Trumpf. Je ärger die Zeiten, desto höher ihr Ruf.

Nur ist es unvernünftig und auch irgendwie platt, mit einem fertigen Buch oder gar mit dessen Inhalt großtun zu wollen. Fertige Bücher interessieren niemanden. Sie werden als lästig empfunden, weil sie gelesen werden müssen. Als Autor eines gerade erschienenen Buches wird man gemieden, denn keiner hat das Buch gelesen: Jedem ist das peinlich.

Anfänger leiden darunter. Sie haben ein paar Bekannte in ihrem Roman verbraten und wollen nun wissen, wie die Leute reagieren. Aber es liest ihn keiner. Und wer ihn liest, erkennt selbst die deutlichsten Anspielungen nicht. Später gewöhnt sich der Autor daran und macht eben diesen Vorgang zum Thema seines Buches, was wiederum nicht bemerkt wird. Nur solange man seine Bücher nicht lesen muß, übt der Schriftsteller, der sich heute wieder Dichter nennen darf, einen gewissen Zauber aus. Nicht *was* man schreibt, ist interessant, sondern *daß* man schreibt.

Deshalb gehe ich zum Schreiben gern ins Café. Zu Hause falle ich doch nur meiner Familie auf die Nerven. Oder ich habe meine Familie verjagt und kann die Stille nicht ertragen. Im Café raufe ich mir ekstatisch die Haare, rauche wie ein Verrückter, stimuliere mich abwechselnd mit Espresso und Wein, mache mir schmutzige Gedanken über das Aussehen der Gäste und entnehme den Gesprächen von Geschäftsfreunden über notwendige Innovationen und Entlassungen wertvolle Formulierungen.

Das Wichtigste aber ist die Nähe begehrenswerter Frauen. Da mich bisher niemand fragte, warum ich schreibe, erkläre ich ungefragt: Der einzige Grund meiner Schreiberei ist der Blick in fremde Frauenaugen. Der Blick, der sonst leicht zudringlich, süßlich, klebrig, selbstgefällig geraten kann, hat eine ganz andere Wirkung, wenn er aus dem Aufschauen vom Papier herkommt und als unschuldige Denkpause getarnt ist. Wie zufällig döst man in die graue oder grüne Iris der Nebentischschönheit, um sich dann unvermittelt über sein Blatt zu beugen und hastig ein paar Worte zu notieren, als habe man diesem Blickwechsel den Einfall zu verdanken, was teilweise auch stimmt.

Mit solchen poetischen Exaltationen kann ich nun, da alle Welt wie besessen vor sich hinschreibt, nicht länger imponieren. Dies ist allerdings kein Grund, über die neue Schreibmode die Nase zu rümpfen. Wie immer muß man nur wissen, wie man ausweicht.

Ich gehe nur noch mit Korrekturfahnen in Lokale. Korrekturfahnen sind absolut professionell. Damit hebt man sich von der Schar der sich freischreibenden Dilettanten deutlich ab. Man schreibt nicht nur, man wird sogar gedruckt. Das imponiert noch mehr. Natürlich wollen alle Frauen nach dem dritten innigen Blickwechsel wissen, was man denn da geschrieben habe. Lesen wollen es die wenigsten. Da sind sie wie ungeduldige Vorstandsvorsitzende. Die bitten einen heute auch, den mündlich hingeworfenen Vorschlag schriftlich zu fixieren; und wenn man ihnen dann die gewünschten anderthalb getippten Seiten gibt, soll man ihnen erst sagen, was denn da drin steht, der Einfachheit halber.

An dieser Stelle endete etwas schal und wehleidig meine kleine Geschichte über das Schreiben. Ich zückte meinen Bleistift und machte mich an das übliche: ein paar überflüssige Worte zu streichen und ein paar ebenso überflüssige hinzuzufügen. – Die Vermengung von Literatur und Wirklichkeit war sehr unvollständig. Zwar hatte ich tatsächlich eine Korrekturfahne vor mir, weit und breit aber keine der Frauen, von denen mein Text herumphantasierte. Alles leer, alles hohl, alles wieder einmal völlig verlogen. Unzufrieden ging ich aufs Klo, bitter musterte ich mein zerknautschtes Literatengesicht im dreckigen Spiegel. Als ich an meinen Platz zurückkam, leuchtete mir auf meiner Korrekturfahne feuerrot eine fremde Schrift entgegen: *Den Quatsch glauben Sie doch hoffentlich selbst nicht!*

An der Bar stand eine Frau, die vorher nicht dagewesen war. Ihr Po war so hoch, sie konnte nur recht haben. Sie trug einen bananenschalengelben Rock aus glattem Leder und einen leuchtendblauen Pullover. Der Komplementärkontrast stach mir ins Auge. Gelb und Blau. Das waren doch die Farben des seligen jungen Werther, die Farben des Widerstands gegen die verhaßte Gesellschaft! Ob sie das wußte? Mein Herz klopfte. Nur in der Strumpfwerbung hatte ich bisher solche Beine gesehen. Das konnte nicht nur an diesen unsinnig hohen Stöckelschuhen liegen, die übrigens auch leuchtblau glänzten. Wer solche Beine hat, der mußte auch vernünftige Ansichten haben.

Wie konnte man diese Frau ansehen, ohne zu hoffen, daß sie so bald wie möglich den Pullover über den Kopf ziehen und in die Ecke schleudern würde, um sich dann mit leicht geöffneten Lippen entschlossen aus ihrem Rock zu schälen.

Wie konnte man leben und schreiben, ohne auf Wirkung zu hoffen! Wirkung, das war der Grund. Alberne Koketterie war meine Behauptung gewesen, ich schreibe nur noch wegen irgendwelcher Blickwechsel. Wie recht hatte meine einzigartige Kritikerin: natürlich hatte ich den Quatsch selbst nicht geglaubt. Was für eine trübe Mischung aus Resignation und Großspurigkeit hatte ich zu Papier gebracht. Ich drehte meine Korrekturfahnen um und begann auf der weißen Rückseite einen neuen Text. Meine Behauptung, ich wäre mir zu fein, um in Cafés handschriftlich Papier vollzukritzeln, war ja ohnehin falsch. – Ich schrieb:

»Wenn ich schreibe, will ich Wirkung und sonst gar nichts.«

Die Art, wie sie die dunklen Locken nach hinten schüttelte, ehe sie ihr Rotweinglas zum Mund führte, machte mich hin und hörig. Gelb und Blau. Ich kam mir vor wie der leidende Werther. Und dies war Lotte. Lotte im Lederrock. Dieser Rock war ein Kunstwerk. So eng, so kurz und doch auch wieder lang genug. Kein alberner Schurz, aber auch kein Schlauch. Eher edel. Aber auch gewagt. Noch kannte ich nicht das Gesicht dieser Frau, aber schon hätte ein Wink genügt, und ich hätte alles im Stich gelassen, um mit ihr zu gehen. – Ich schrieb:

»Wenn ich verliebt bin, schreibe ich Liebesbriefe; dann will ich die Liebste und sonst nichts. Und wenn mir die üblen Zustände und ihre miserablen Verursacher nicht passen, dann schreibe ich dagegen an und will nichts als deren Untergang. Und wie es möglich ist, mit Sprache Liebe zu erzeugen und den Weg ins Bett vorzubereiten, so muß es auch möglich sein, mit Sprache Abneigungen zu wecken, zu schüren und schließlich politische Karrieren zu beenden. Vorbei sind die trüben Stunden, ich bin guter Dinge und widerrufe all meine bisherigen und auch gleich all meine künftigen verzagten Äußerungen, in denen ich bezweifelte und noch bezweifeln werde, daß man schreibend etwas erreichen kann. Man kann.«

Ich sah auf. Lotte hatte sich einen Teller mit Oliven bestellt. Mit der Rechten nahm sie die kleinen Früchte, den linken Arm hatte sie von schräg hinten in die Taille gestemmt. Wie um mich vollends rasend zu machen, strich sie dann ruhig in kreisförmigen Bewegungen den Ansatz ihres anbetungswürdigen Pos – halb eine zerstreute Liebkosung, halb prüfend, ob der Rock noch den gewünschten Sitz habe. Kein bißchen rosa waren Handrücken und Finger. Rosa war nur ein winziger Mückenstich auf ihrer linken Wade, den sie jetzt mit dem nadelscharfen Absatz ihres rechten Stöckelschuhs lustvoll kratzte. Nichts anderes wollte ich, als diesen Stich feucht zu küssen, um dann mit meinem Nasenrücken ihre Beine hochzustreifen, an ihrem tierischen Rock zu schnuppern, ihre Hand von ihrem eingelederten Hintern zu schieben, meine eigene dorthin zu plazieren, um dann, endlich stehend, mein Gesicht in ihr Haar zu wühlen. Wie schrieb Werther einst über die Liebste: »Gefällt! das Wort hass' ich auf den Tod. Was muß das für ein Mensch sein, dem Lotte gefällt, dem sie nicht alle Sinne, alle Empfindungen ausfüllt.« – Ich atmete tief durch und schrieb weiter:

»Goethes Werther hat gezeigt, welch eine epidemische Wirkung ein Buch haben kann. Viele, die ihre aussichtslose Liebe darin wiedererkannten, nahmen sich das Leben. Nach zweihundert Jahren wäre es an der Zeit, ein Buch zu schreiben, das diesmal die richtigen Personen hinwegrafft. Vergessen sei endlich die lähmende Debatte darüber, ob und wie Literatur die Gesellschaft verändern könne. Wie hat man sich denn überhaupt eine veränderte Gesellschaft vorzustellen? Und wie hat man sich eine Literatur vorzustellen, die zum Zweck der Veränderung Wirklichkeit widerspiegelt? Und was zum Teufel ist Realismus? Das alles ist so kreuzbrav, so gottsjämmerlich abstrakt, so fürchterlich unsinnlich.«

Ich schaute auf. Hatte Lotte gerade zu mir hergesehen? Wie hatte mein Freund und Leidensgenosse Werther geschrieben: »Und sie wandte sich um, zu sehen, ach! nach mir? In dieser Ungewißheit schweb' ich; das ist mein Trost: vielleicht hat sie sich nach mir umgesehen! Vielleicht! O was ein Kind ich bin!« – O wie dieses Bananengelb gegen das königliche Tintenblau knallte! Was für ein Rascheln mochte dieser Rock von sich geben, wenn Lotte ihm entschlüpfte! – Ich schrieb:

»Literatur, die etwas bewirken will, muß schön sein und gut gebaut. Sie hat einen stolzen Po und ein elastisches Kreuz. Ihre Schultern sind gerade, nichts rutscht von ihnen ab. Sie ist elegant, aber sie ist keine Dame. Sie ist vielversprechend und für jeden verständlich. Sie ist nicht raffiniert und verspielt. Kein Getue, keine Rüschen, kein Schmuck. Sie ist schlicht, und sie ist wesentlich. Keine Spitzenblüschen, nichts Durchwirktes. Nichts Bäurisches, nichts Modisches, nichts Nostalgisches. Zeitlos, aber auffällig. Weil ihre Schönheit so klar ist, kann sie es wagen, Dinge zu tragen, die knallig, grell und an der Grenze sind. Aber kein bißchen versnobt. Nur eine schlanke Literatur mit genügend Substanz und mit genügend Ironie kann sich solche Kleidung leisten. Sie hat einen aufrechten Gang, schwungvoll und mit langen Beinen. Und die spitzen Absätze ihrer unverschämt hohen Stöckelschuhe richten auf dem Parkett der Bürgerlichkeit enormen Sachschaden an.«

Lotte stand noch immer an der Bar. Mit schönem Hohlkreuz. Absolut zuverlässig. Ich sah mich mit ihr in den Gassen von Venedig und Rom. Mit Lotte in Wien, mit Lotte in London. Lotte in tomatenroten und spinatgrünen Röcken und Hosen. Mit Lotte, grell, fest und knallig, gegen diese graue, braune, modrige Welt. »Was Einbildungskraft für ein göttliches Geschenk ist«, hatte Werther geschrieben. – Ich schrieb:

»Die Literatur ist weiblich, und das ist gut so. Aber sie hat ihre Weiblichkeit nie ausgenützt. Sie kam in Reisekostümen daher oder in wallenden Emanzipationsgewändern. Immer gesittet, immer dezent. Mal mütterlich, mal mädchenhaft und nach Mitternacht auch mal als Hure. Aber immer im Rahmen der Konvention. Ein bißchen Pornographie, ansonsten aber viel Konversation. Gepflegte Unterhaltung in konventionellen Klamotten. Ihre Einsprüche gegen das Unrecht zog die Literatur wie Bittschriften aus dem Handtäschchen.

Die Literatur muß unkonventionell und unberechenbar sein. Sie muß so schön und begehrenswert sein, daß sie Eintritt erhält, wo immer sie will. Aber sie soll nicht länger ein sittsamer Gast sein. Verwegen und kühn sei ihr Aufzug, immer sinnlich, farbig und voller Gegensätze. Sie muß wissen, was Geschmack ist, um ihn bei Bedarf durchbrechen zu können. Sie muß wissen, wie man sich benimmt, um sich effektvoll danebenbenehmen zu können. Sie muß elegant sein, weil nichts schockierender ist, als das gelegentliche Fahrenlassen der Eleganz. Sie muß den Mut haben, im richtigen Augenblick giftig zu werden, auch wenn sie weiß, daß sie damit ein Stück ihrer Schönheit opfert. Sie darf nicht fauchen und klagen wie ein Kätzchen, denn das erwartet man von ihr, und also führt es nicht weiter. Man wünscht sich ja, von gepflegten langen Fingernägeln lustvoll gekratzt zu werden. Daher muß die wahrhaft schöne Literatur normal geschnittene Nägel haben. Sie wird aber zwischendurch ausfällig und unhöflich, daß das fette Gelächter ihrer Gönner erstirbt. Sie schreckt nicht einmal davor zurück, vulgär und ordinär zu werden, wenn es sein muß. Auch das kann sie sich leisten, weil sie so schön ist.

Ein fetter und häßlicher Text kann sich Ausfälligkeiten nicht leisten. Der ist wie ein betrunkener, polternder Mann mit rotem Gesicht. Wahre Literatur muß ebenso wild wie elegant sein. Grobe Worte können sich nur schöne Texte leisten, wie sich nur schöne Frauen schreiende Kleider leisten können. Diese Art von Literatur ist völlig neu. Daher muß sie ihre waghalsigen Auftritte üben. Das ist in der Tat experimentell.«

Ich schrieb wie ein Besessener, geil, glücklich, verliebt und auf dem Gipfel der Erkenntnis. Lotte hatte in der Zwischenzeit auf einem Hocker am Tresen Platz genommen, als wüßte sie, daß sie sich ihrer historischen Aufgabe nicht entziehen konnte, mir als Vorlage zu einer grandiosen Allegorie, zu einem rasenden Manifest zu dienen. Ihr animalischer Rock spannte sich auf unvergleichliche Art um ihre Schenkelpartie, mein Kopf entleerte sich, all mein Blut schoß in meinen unteren Leib, und ich wollte nur das eine. Ich atmete mehrmals tief durch, bis mein Kopf wieder zu arbeiten begann. Was hatte der alte Klopstock, den Lotte so schätzte, einst geschrieben: »Wie dem Mädchen, das aus dem Bade steigt, das Gewand anliegt, so soll es die Sprache dem Gedanken.« – Ich schrieb:

»Wenn Literatur etwas erreichen will, müssen ihre Gedanken schlank und präzise sein. Und die Sprache muß sich um die Gedanken schmiegen, wie ein enger Rock aus glattem Leder um Po und Schenkel einer Frau. Diese Literatur wird ihre Zeit nicht damit vergeuden, sich stundenlang im Spiegel zu betrachten. Sie schminkt sich nicht, und sie benutzt kein Parfüm. Dieselben vollen unbemalten Lippen, die oft und tief von Liebe sprechen, können sich unerwartet zu schneidenden Flüchen öffnen, und diese Verhöhnungen werden etwas Vernichtendes haben, weil sie im Vollbesitz der Schönheit das Häßliche in seiner Wertlosigkeit bloßstellen.«

Ich sah Lottes Beine, übereinandergeschlagen, ein leichtes Wippen des freien Fußes. Wie beneidete ich ihre Hand, die jetzt die obere Schenkelpartie massierte, wie lebendig mußte sich die Muskulatur unter der antilopenhaften Haut anfassen! Ich stellte mir vor, einer dieser dicken Minister (Wallmann, Bangemann, Zimmermann und wie die Ekelmänner alle heißen) würde an Lotte vorbeigehen: Lotte streckt das freie Bein etwas nach vorn, und bums fliegt der schwere Körper vor ihr auf die Nase. »Zisch ab, du mieser impotenter Ochsenfrosch!« sagt Lotte und stupst die Spitze ihres königsblauen Stöckels in die formlose Ministerlende. – Ich sah Lottes Haut, nicht blaß, nicht verbrannt, ein südlicher Ton, wunderbar undeutsch. Ich habe kein Auge für Juden und finde Leute unausstehlich, die immerfort naseweis behaupten, dieser oder jener Mensch sehe unglaublich jüdisch aus. Jetzt aber wünschte ich mir, Lotte wäre eine Jüdin, einfach, weil dieses arme, geschundene Volk einen schönen Racheengel verdient hätte. Lotte, die so wunderbar beleidigend sein kann. Schon ihre Schönheit ist eine Beleidigung des Häßlichen. – Ich sah sie vor mir im ultrakurzen weißen Sommerkleid, barfuß, die roten Stöckel in der Hand. Sie will die Sixtinische Kapelle besichtigen, aber der Vatikanwärter will sie in diesem Aufzug nicht in die heiligen Räume lassen. Da lacht sie einfach und umarmt den Kirchenknecht, ohne ihre Schuhe loszulassen; ihr Knie schiebt sie sacht dem Wärter zwischen die Beine, dieser vergeht; und nie mehr wird er es wagen, die Schönheit zurückzuhalten. – Ich sah sie vor mir, pechschwarz und behutsam vom Motorrad steigend und wie sie am Bauzaun von Kraftwerken und Waffenlagern sägt, kauernd und fluchtbereit. – Ich schrieb:

»Die Literatur muß edel und fein sein, damit sie unfein werden kann. Sie muß provokativ sein, betörend und animalisch. Sie muß sich mit allen Mitteln Einlaß verschaffen. Dichten heißt nicht nur Blümchen und Bäumchen in den Garten pflanzen, sondern auch sägen. Wir müssen absägen, was uns nicht paßt. Weg mit dem faulen und abgestorbenen Holz.«

Holz? Was hatte einst Arno Holz geschrieben: »Modern sei der Poet, modern vom Scheitel bis zur Sohle.« Das ist lange her. – Ich schrieb:

»Rabiat sei der Poet, rabiat vom Scheitel bis zur Sohle. Ein wichtiges Ziel der Literatur am Ende dieses Jahrhunderts ist es, die Machthaber in ihrer Unerträglichkeit bloßzustellen. Nur ein stürzender Politiker ist ein guter Politiker. Unter dem gellenden Gelächter des Publikums müssen die Poeten die Machthaber direkt vom Sockel in die Kloake stoßen. Nur dafür soll es Literaturpreise geben. Auch die Kunst, diese mürbe Schickse, könnte hier einen Beitrag leisten, anstatt Gebäude zu verhängen und die Bilder wirrer Seelen auf die Leinwand zu pinseln. Was ist daran wild? Wild und unberechenbar und unfair und hinterlistig muß gegen diejenigen vorgegangen werden, die uns unentwegt hinterlistig entgegentreten. Verdammte Avantgarde! Ich habe avantgardistische Kunst noch nie verstanden. Immer behauptet sie hochnäsig, das Neue zu bringen, das eben nicht jedermann zugänglich sei. Und noch heute bewundert man, weil man nicht für postmodern gehalten werden will, das Lautgestammel des Dadaismus und der experimentellen Poesie, dem alles Aufmüpfige längst entwichen ist. Die bisherige Avantgarde ist genauso unbrauchbar wie die Haute Couture, wo lächerliche Mannequins absurde Kreationen hirnverbrannter Schneidermeister auf sich herumtragen. Die wüste Beleidigung, die Unverschämtheit, das tödliche Gift – all das muß in die hohe Literatur hinein. Das ist die große Kunst, und das ist wahrhaft avantgardistisch genug und endlich auch einmal verständlich. Die Wächter der abgestandenen Sitten werden zetern, wie sie einst gegen das Vordringen erotischer Freizügigkeiten in die Literatur gezetert haben. Aber sie werden den längst fälligen Einzug der wüsten Verwünschung auch in die nobelsten Etagen der Poesie nicht verhindern können.«

Gerade wollte ich in einem nächsten Gedanken die Literaten auffordern, sich nicht länger untereinander zu befehden, sondern sich eine gemeinsame Strategie auszudenken, um den gemeinsamen Feind lahmzulegen, da sah es plötzlich so aus, als ob Lotte zahlen wollte. Zwar war mir klar, wie mein Manifest weiterzugehen habe, wie es aber mit Lotte und mir weitergehen sollte, daran hatte ich vorsichtshalber nicht gedacht. Es mußte nun aber etwas geschehen, und zwar schnell. Das einerseits Beste und andererseits Feigste wäre, blitzschnell das Café zu verlassen, um mir den Traum zu bewahren. Wie schreibt mein geliebter Puschkin: »Träume, Träume! Wo ist eure Wonne? Wo ist – der traditionelle Reim hierfür – der Jugend Sonne? Ist es am Ende wirklich wahr, daß ihr Kranz verwelkt ist, verwelkt? Ist etwa in der Tat – alle elegischen Verschnörkelungen beiseite gelassen – der Frühling meiner Tage ganz einfach vorbei? Ist es möglich, daß ich bald dreißig bin?«

Ich war vierzig Jahre alt und oft genug enttäuscht worden. Es war ja möglich, daß gar nicht Lotte die unverschämte Bemerkung auf meine Korrekturfahne geschrieben hatte, sondern der unverschämte Ober!? – Oder, was vielleicht noch schlimmer wäre, sie hatte meinen Text keines Blickes gewürdigt, und dies war also nicht ihr reifes Urteil, sondern in launiger Oktoberfestmentalität hingekrakelt; und ich hatte mich von einer modisch exaltierten Eselin inspirieren lassen, die sich in lächerliche Papageienfarben gehüllt hatte!? – Oder, was vielleicht das Allerschlimmste wäre, ich könnte mit ihrem Gesicht, das sie mir zuwenden würde, nichts, nichts anfangen; und still und sanft würde ich in den Schoß meiner Familie zurückkehren statt in den literarischen Untergrund!?

Wie heißt es im Werther: »Nein Lotte, ich werde Sie nicht wieder sehn! – Warum das? versetzte sie, Sie können, Sie müssen uns wieder sehen, nur mäßigen Sie sich. O warum mußten Sie mit dieser Heftigkeit, dieser unbezwinglich haftenden Leidenschaft für alles, was Sie einmal anfassen, geboren werden! – Er knirrte mit den Zähnen und sah sie düster an. – Sie hielt seine Hand: Nur einen Augenblick ruhigen Sinn, Werther! sagte sie. Fühlen Sie nicht, daß Sie sich betrügen, sich mit Willen zu Grunde richten?«

Lotte hatte ihr Portemonnaie vor sich liegen, winkte dem Ober und ließ sich langsam und lasziv vom Hocker gleiten. Ihr Bananenschalenrock rutschte dabei etwas hoch, und mit einer noch lasziveren Bewegung strich sie ihn nach unten. Eben noch hatte ich daran gedacht, ihr über den Ober ein Billet zukommen zu lassen: Da und dort könne sie meinen völlig neuen Text nachlesen. Sie habe recht gehabt mit ihrer Kritik. Sie sei wahnsinnig wichtig für mich gewesen. Ich könne ihr die Zeitschrift zuschicken, wo der Text erscheine, wenn sie mir ihre Adresse hinterließe. Oder sie könne mich anrufen, in zwei Stunden hätte ich das von ihr inspirierte literarische Manifest in eine lesbare Form gebracht. Schon heute abend könnte man sich treffen und ich könnte ihr »ihre« Fassung vorlesen, die ich ihr widmen werde usw. – Alles viel zu kompliziert, viel zu versponnen; alles Literatenkitsch, und vor allem keine Zeit mehr dazu. Mein Herz raste, weit weg war alle Geilheit, als ich, den geilen Rock im Auge, mich Lotte zögernd näherte. Das Leben konnte doch nicht nur aus Enttäuschungen bestehen.

Ich wußte nicht, was ich ihr sagen sollte, irgendeine halbwegs erträgliche Einführungsformel würde mir schon einfallen. – Frauen, die ich so rasend begehrte, hatten sich noch nie viel aus mir gemacht, glaubte ich mich plötzlich zu erinnern, und ich mußte aufpassen, nicht feuchte Augen zu bekommen jetzt. Bloß das nicht. Ich würde mich neben sie an die Bar stellen und den Ober um die Rechnung bitten. Bis der kam, würde ich Lotte das Wichtigste gesagt haben. Es fielen mir Frauen ein, die nicht hinhören in so einem Fall.

Ich stand neben Lotte und hatte gerade Luft geholt, um dem Ober zuzurufen, als ein widerlicher Jaulton sich anschwellend im Raum breitmachte. Offensichtlich eine dieser infamen Sirenenproben, die sich im Ernstfall auch nicht anders anhören würden. Der Ober zuckte ärgerlich die Schultern, ein anderer Mann machte eine Grimasse und hielt sich die Ohren zu. Lotte knallte mit der flachen Hand auf den Tresen. »Scheiße«, rief sie, »diese verfluchten Schweine!« Noch nie hatte ich jemanden so schön »Scheiße« rufen hören. Dann griff sie hinüber zu mir, packte meinen wildfremden Unterarm, schüttelte ihn und sagte mir mitten ins Gesicht: »Kommen Sie!«

◆◆◆◆◆◆◆

WARUM ICH TROTZDEM NICHT BAUE UND SPARE

Das Eigenheim ist so sehr in der Achtung gesunken, daß man es fast schon wieder verteidigen müßte. Während die Engländer ungestraft ihrer my-home-is-my-castle-Ideologie frönen dürfen, gilt bei uns der Goldes werte eigene Herd, zumindest bei einigen Vorreitern des Zeitgeistes, als Inbegriff einer angefetteten Seßhaftigkeit schwäbischen Anstrichs. Namen großer Bausparkassen sind für alle Möchtegern-Nichtspießer zur Chiffre des Spießertums geworden. Zwar gibt es in der Bundesrepublik noch immer rund 24 Millionen Bausparverträge über eine Gesamtsumme von beruhigenden 800 Milliarden Mark, aber die Bauspar-Unlust ist offenbar doch so groß, daß man ihr mit großen Reklametafeln zu begegnen sucht, auf denen blonde Muttis kleine Modellhäuser abknutschen oder Kinder auf der endlich eigenen Wiese tollen.

Die Wirklichkeit ist anders. Wer ein Haus hat, der entschuldigt sich dafür. Es ist ihm peinlich. Bezeichnenderweise nicht, weil er sein Eigentum aus politischer Sensibilität heraus als Diebstahl empfände, sondern weil er das Gefühl hat, die eigenen vier Wände nehmen ihm die schönste aller neuen Tugenden: die Spontaneität.

Der tolle Hecht ist heute nicht mehr der Schmalspurkarrierist, der es zur Doppelhaushälfte gebracht hat, sondern der erleuchtete Aus- und Umsteiger, der seinen 6000-Mark-Job kündigt, sein Haus verkauft und mit Rucksack oder Wohnmobil in die Welt hinauszieht.

Wer diesen Absprung nicht schafft, dem bleibt doch wenigstens das Schönste am Besitz: das Klagen über dessen Last. Hausbesitzer jammern notorisch über die immensen

Instandsetzungs- und Versicherungskosten und über den Pfusch der Handwerker. Haben sie eine Wohnung vermietet, dann lassen selbstverständlich die Mieter die Wohnung verkommen, obwohl es doch Akademiker sind; von diesen Leuten hätte man das am wenigsten erwartet. Nicht auszudenken, was die Besitzer von ganzen Mietshäusern für Ärger haben. (Von diesem durchtriebenen Zug, Besitz und Reichtum in der Tradition christlicher Selbstkasteiung als eine beschwerliche Qual hinzustellen, sind auch die meisten Poeten nicht frei. Im durchaus angenehmen Besitz der Fähigkeit sich auszudrücken, stöhnen sie doch ständig über die leidvolle Tätigkeit des Schreibens.)

Offensichtlich ist das ganze Leben qualvoll. Denn der Jammer der Mieter ist nicht weniger kläglich, und dieser ist nun wahrhaftig berechtigt. Denn es ist würdelos und belastend, sich in Räumen häuslich niederzulassen, in denen man mißtrauisch geduldet wird. Der Mieter ist ja nicht der umworbene Kunde, dem man höflich einen anständigen Gegenwert für seine monatlichen Bezahlungen anbietet. Der Wohnungsmangel und die Schwärme der Wohnungssuchenden haben dazu geführt, daß Mieter als lästiges Ungeziefer empfunden werden, das einem alles kaputtmacht und das man leider nicht ohne weiteres auf die Straße setzen kann, weil man sich nicht im gelobten Land der Vereinigten Staaten von Amerika befindet.

Es ist für den Mieter gallebitter, jeden Monat einen großen Teil seines Verdienstes in die Taschen von Besitzern stopfen zu müssen, die ständig die Miete erhöhen und die einem Kautionen nicht zurückzahlen, weil der miese Teppichboden einen Fleck hat. Es ist unerträglich, einer von fünfzig oder hundert Mietbewerbern zu sein, von einem Makler in die engere Wahl genommen und dann von einem autoschlüsselklimpernden 23jährigen Mietshauserben begutachtet zu werden, ob man auch wirklich wert ist, sein Haus zu bewohnen. –

Hat man sich die Wohnung dann mit falschem Grinsen und angeberischen Gehaltsangaben erschlichen, gibt es bald Nachbarschaftsärger wegen Klavierspiel und Autoabstellplatz. Nur das laute Stöhnen der Liebe ist nie ein Streitpunkt, sei es, daß hierüber sich zu beschweren selbst dem miesesten Hausbesitzer zu peinlich ist, sei es, und das ist eher zu befürchten, daß zu selten und zu leise geliebt wird.

In jedem echten Mann und seiner Frau schwillt bei solcher Knechtung der Wunsch nach einem eigenen Haus. Man eilt zur Bank, läßt sich beraten. Und siehe, Staat und Bank und Bausparkasse sind rührend bemüht, dem netten Paar zu helfen. Bisher ein Kretin in der sozialen Wohnungsrangfolge, steigen sie zu umworbenen Kunden auf, erhalten ein Vertragsformular und ein Bündel Broschüren, wo der Bundesbauminister in eklatantem Gegensatz zu Janis Joplins unvergleichlich überzeugend gesungener Zeile »freedom is just another word for nothing left to lose« behauptet: »Ich trete dafür ein, daß viele Menschen Eigentümer werden. Weil sie dann ein qualifiziertes Verhältnis zu ihrem Staat gewinnen. Denn Eigentum macht frei.« – Hier spätestens sollte der Bausparwillige stutzig werden, aber die Sehnsucht nach Freiheit hat ihn schon blind gemacht.

Sparen und Bauen ist nicht ohne Infamie. Die Art, wie individuelle Finanzierungspläne heimwerkerhaft auf die persönlichen Einkommensverhältnisse zugeschnitten werden, wie von nichts anderem die Rede ist als von prämienbegünstigten, niedrigprozentigen Rückzahlungstarifen, Tilgungszinsen, Bauherrnmodellen, Sperrfristen, von abschreibungsmöglichem Restschuldsaldo; und wie der abzugsfähige Sonderausgabenhöchstbetrag durch Einbau von energiesparenden vierfachverglasten Fenstern weiter angehoben werden kann, wie Langsamsparen sich in Schnellsparen verwandeln läßt und dieses in dynamisches Sparen, wie die Steuervorteile für Bausparer und Hypothekenabstotterer so schamlos auf der Hand liegen, daß sich jeder Nichtbausparer als Dummkopf vorkommen muß, kurz, wie die Bausparkassen im Verein mit dem Staat den Träumern vom Glück in den eigenen Wänden einen mageren Knochen als Geschenk hinhalten und wie auch tatsächlich schwanzwedelnd daran genagt wird – das alles kommt mir unanständig vor und widerstrebt meinem persönlichen Rechtsgefühl.

Unanständig wie jegliche Inbesitznahme ist dann später auch die Besichtigung des Baugrunds. Auf dem letzten freien Grundstück am Stadtrand wird man handelseins. Der Architekt deutet, der Bauleiter nickt, der Mann von der Bausparkasse gratuliert dem Käufer. Ein Jahr später ist der Sechszimmerkäfig beziehbar. Durch den Schlamm des Grundstücks werden die Möbel getragen. Die Fußbodenfirma hat Pleite gemacht, den Winter über wird man auf dem Estrich leben müssen. Es riecht feucht nach Zement und Farbe. Die Steckdosen sind auf der falschen Seite. Da! Die ferne Schnellstraße hört man also doch! Der Apfelbaum hatte den Baukran behindert und mußte leider fallen. In die City braucht man nicht 20, sondern 50 Minuten. »Nie wieder Bauen«, seufzt das fahle Paar. Er hat sich beim Wegschleppen des Bauschutts einen Hexenschuß zugezogen. Sie fühlt sich unbefriedigt und hat Angst vor einem Dasein als grüne Witwe. – Dieser furchtbaren Bausparerwahrheit entgehe ich durch das restlose Ausgeben meines Geldes. Die schreckliche Miete bewahrt mich wenigstens vor dem schrecklichen Schicksal, ein Bauherr zu sein.

Ich will auch kein Haus erben. Den Erben sitzt immer der Neid und der Makel des Schleichens im Nacken. Nur als Geschenk ist Hausbesitz erträglich: Wer schenkt mittellosem Schriftsteller geräumige Villa, nicht renoviert und nicht renovierungsbedürftig, ruhige Wohnlage, aber nicht ausgestorben – wo es sich großzügig dichten und denken, tafeln und lieben läßt.

◆◆◆◆◆◆◆

WARUM ICH NICHTS BESETZEN MAG

Es geschieht einem fast täglich, kaum hat man das Haus verlassen, und es wäre das beste und dümmste, man würde sich damit abfinden. Es ist ja nicht tragisch. Es ist ja nur ein bißchen ärgerlich. Es gehört unvermeidlich zur Organisation des Alltags. Man hat ja auch manchmal selber etwas davon. Ich meine natürlich das Besetzen und Reservieren von Plätzen.

Es war schon schlimm genug gewesen, einen Parkplatz zu finden. In der einzigen freien Lücke weit und breit stand eine Frau mit Pelzmantel und mehreren vornehmen Plastiktüten und schüttelte aufgeregt den Kopf, als ich Anstalten machte, mein Wegwerfauto ins enge Loch zu bugsieren. Als ich endlich am Kino war, stand eine Schlange von 50 Leuten an der Kasse. Es ging nicht weiter, weil sich ständig Gestalten vordrängten, mit der Begründung, sie hätten vorbestellt. Nach einer Viertelstunde kam ich mir zu demütig vor und verschwand. Filme, von denen alle begeistert sind, gefallen mir erfahrungsgemäß sowieso nicht.

Jeder weiß, wie es jetzt weitergeht: Man geht zum Italiener, um sich mit einer schönen Lasagne und einem halben Liter Chianti zu trösten, und natürlich ist der einzige freie Tisch reserviert. Man beschließt schweren Herzens, ein junges Liebespaar mit seiner Anwesenheit zu belästigen, aber sie wendet sich uns mehr frech als lieblich lächelnd zu und sagt auf bayerisch oder schwäbisch oder kölnisch: Da kommen noch zwei Personen.

Schlimmer als diese passiven Erfahrungen, die einem wenigstens das schöne desolate Gefühl vermitteln, ein Ausgestoßener der Gesellschaft zu sein, ist es, wenn man selbst in die Lage des Besetzers gerät. Nichts fürchte ich mehr als den fröhlichen Zuruf: Geh schon mal vor und halt mir was frei – und dann sitzt man im Dunkel des Kinos und versucht, zwei Plätze links und drei rechts für diese unzuverlässigen Freunde freizuhalten, die doch längst hier sein müßten. Wenigstens ist es dunkel, und keiner sieht, wie man errötet. – Ganz und gar fürchterlich ist es, im Frühling die ersten Sonnenplätze in Biergärten freizuhalten und im August die schattigen Ecken. Glücklich, wer Jacken, Pullover, Taschen und Zeitungen bei sich hat; das hält wenigstens die schüchternen Frager ab. Die rabiaten bezweifeln einfach, daß noch jemand kommen werde, und lungern lauernd in der Nähe herum. Und natürlich, so will es der Plan der Schöpfung, sind die, welche am rabiatesten gegen die Besetzer wettern, selbst die rabiatesten Besetzer.

Man kann den Besetzungen und Reservierungen nicht entgehen. In Bibliotheken ist der einzige nicht zugige Platz mit Tageslicht schon seit Tagen von einem gewaltigen Bücherstoß belegt, oder auch nur von einem bedeutungsvoll beschriebenen Zettel Papier und einem Bleistiftstummel. – Macht man eine Schiffsreise, wird man sämtliche Liegestühle an Deck zwar ohne Menschen, aber mit Handtüchern behängt vorfinden, die deutlich auf die Besetztheit des Möbels hinweisen.

Das alles wäre komisch nur als Charlie-Chaplin-Nummer: Wie dieser sich bemüht, an Bord eines Dampfers sieben Liegestühle vor dem Ansturm sonnenhungriger Passagiere freizuhalten allein mit Mitteln der aberwitzigen Stummfilmgestik, ohne Handtücher und sonstige Besetzungshilfsmittel – das wäre eine heitere Szene. In Wirklichkeit aber ist es, wenn auch nicht tragisch, so doch zermürbend. Ehefrauen erwarten von ihren Männern gute Besetzerfähigkeiten und werden giftig, wenn sich diese ausgerechnet hier sensibel gebärden und sich den besten Tisch im Restaurant wegschnappen ließen. Das ist der furchtbare Alltag.

Wenn es nur das wäre, dann wäre es nur ein psychologisches Problem von Durchsetzungsfähigkeit und dem Erduldenkönnen von Schlappen. Dann könnten die psychologischen Allroundschwätzer mit ihren Anleitungsbüchern zum Glücklich- oder neuerdings auch Unglücklichsein die Sache schon klären und den skrupulösen Besetzern den Rat geben, daß es ohne Härte nicht gehe im Leben.

»Zivilcourage«, hieß es früher. Bismarck hat dieses Wort erfunden. Er forderte damit eine Fortsetzung des militärischen Heldenmuts im privaten Bereich; ein degoutantes Ansinnen, denn der »Mut auf dem Schlachtfelde« ist doch wohl hoffentlich einhellig für die widerlichste aller Tugenden zu halten. Die heute so viel gepriesene Konfliktbereitschaft der Führungskräfte ist nichts wesentlich anderes.

Besetzen hat eine historische Dimension. Besetzen heißt, Platz zu beanspruchen, auch in Abwesenheit. Das hat etwas Kindisches an sich. Mehr noch: Wer auf seinem dicken Hintern sitzt und nichts hergeben will, der befindet sich noch in der analen Phase, ist also ein Säugling.

Demnach ist die Menschheit bisher diesem frühkindlichen Stadium noch nicht entwachsen. Denn die Geschichte ist nichts anderes als ein einziges Besetzen. Es wird annektiert, okkupiert, kolonisiert. Die Herrscher setzen ihre Herrscherhintern auf möglichst viele Stühle. Besatzungsmacht. Das ist die Mentalität von Ein- bis Zweijährigen. Alexander, Cäsar, Barbarossa, Napoleon und schließlich dieser analste von allen, Hitler mit Namen – es ist eine unerfreuliche Reihe von Gestalten. Sie alle sind nicht groß und glänzend, nicht einmal dämonisch; es sind entwicklungsgeschichtlich nichts als Hosenscheißer, die nur zwei Worte verstehen: »haben« und »meins«. – Mehr als dies kann man aus der Geschichte nicht lernen: Sie ist ein konfuses Kleinkindergerangel schlimmster Art, egal ob die Amis Afghanistan besetzen oder die Russen Grenada. In meiner maßlosen Verachtung dieser Vorgänge erlaube ich mir, sie zu verwechseln. – Einzig dem Besetzen von leerstehenden Häusern und militärischen Zufahrtswegen gehört mein Wohlwollen. Es geschieht ohne Aufmarsch und Fanfaren und erinnert mich an das nützliche Geflatter von Schwalben und Fledermäusen.

Die Geschichte der Menschheit ist nichts anderes als die Geschichte eines dicken Hintern, eines übelriechenden, ständig besetzten Lokus. Unbegreiflich, wie so viele Menschen sich von diesem trüben Schlamm faszinieren lassen und dicke Bücher über die armseligen Kleinköpfe der Historie lesen oder gar schreiben.

Die ganze Geschichte braucht nicht neu geschrieben, sondern nur neu gelesen zu werden. Im Gegensatz zur Poesie ist sie allerdings völlig ohne Glanz. Daher verrät das leuchtende Interesse für die großen Gestalten der Geschichte und die angeblichen Sternstunden der Menschheit Blindheit oder einen trüben Blick. Selbst die Geschichtsdramen Shakespeares und Schillers sind nur peinliche Veredelungsversuche, die das Wesentliche unterschlagen: daß all die Herrscher und Herrscherinnen nichts anderes waren als überdimensionale Ärsche, die sich gegenseitig ihre Stühle mißgönnten und sich auf Kosten anderer fortwährend herumstritten – eine Tatsache, die man mit dem Alter von 7 Jahren endgültig begriffen haben sollte. Ich jedenfalls kann mir diese frühe Erkenntnis zugute halten. Oder war ich wenigstens in dieser Hinsicht ein Wunderkind?

Tut mir leid, ich bin nicht konfliktbereit, bin meinetwegen nicht von dieser Welt, bestelle auch keine Kinokarten mehr vor, weder Stühle noch Tische halte ich frei, jedenfalls nicht für Männer. Um neben einer schönen Frau zu sitzen, würde ich Ausnahmen machen, jederzeit.

◆◆◆◆◆◆◆

◆◆◆◆◆◆◆◆◆◆◆◆◆◆ WARUM ◆◆◆◆◆◆◆◆◆◆◆◆◆◆ ICH TROTZDEM FERNSEHE

Das Buch, das gute, versteckt keiner, wenn es klingelt; den flimmernden Fernsehapparat aber knipst man lieber aus als Europäer von Charakter, ehe der Gast das Terrain betritt. Und das nicht nur, weil jede Unterhaltung blockiert werden würde. Irgendwie wäre es einem auch peinlich. Man will nicht ertappt werden.

Das verdruckste Verhältnis zum Fernsehen hat seine kurzen historischen Wurzeln. Einst, in den rätselhaften Nachkriegsjahren, war es für die Neureichen schick, einen Fernseher zu haben, dann bald für deren ratenzahlende Nachahmer. Bessere Leute fanden es statt dessen schick, keinen zu haben, und gingen, um mal einen Giraudoux oder Anouilh zu sehen und um sich vom Kulturverfall zu überzeugen, zum Nachbarn, der sonst nur Eislauf und Königskrönung sah. Das war keine Lösung und schuf mehr Konflikte, als es Barrieren einriß. Nachdem der millionste Haushalt mit einem Fernsehgerät versorgt war, war Widerstand irgendwie sinnlos. Seither ist der Besitz eines Fernsehapparats nicht mehr anrüchig.

Dennoch werden über eigene Fernsehgewohnheiten völlig falsche Angaben gemacht. Während man die Anzahl der gelesenen Bücher angeberisch verdreifacht, ist bei der Frage nach dem Gebrauch des Fernsehers noch immer die wegwerfend geäußerte Auskunft zu hören, man sehe fast nichts: Wann denn, bitte, und was denn!?

Anhänger der »neuen Ehrlichkeit« (gegen die ich augenblicklich Belastungsmaterial sammle) bezichtigen sich verschämt, viel zuviel ihrer wertvollen Zeit vor dem Bildschirm zu vergeuden; sie würden oftmals schwach und blieben aus

Trägheit am Programm hängen. – Extremisten hingegen bezeichnen sich exaltiert als fernsehsüchtig; sie essen, sie lieben und sie hassen sich fernsehend, und sie verstehen es als Kritik am Kulturpessimismus, wenn sie bis Sendeschluß wahllos dauerglotzen, weil sie ja genau das tun, was von den Hütern der Kultur abscheulich gefunden wird. Ich bin gegen Puritanismus, für Banalität und Zeitverplämperung, und ich weiß auch den Reiz von stumpfsinnigen Freizeitbeschäftigungen zu schätzen – aber das geht zu weit: Wer aus überdrehter Koketterie, aus echter Stumpfheit oder aus welchen Gründen immer mehr als eine Folge von »Dallas« oder »Denver« oder sonstigem Schrott sieht, der hat nichts anderes verdient als schrottreife Kanzler und Präsidenten.

Die Argumente für und wider das Fernsehen wurden von Anfang an mit Inbrunst in Besinnungsaufsätzen der Gymnasien und in besinnungsaufsatzhaften Wochenendfeuilletons gepflegt. Anfangs wurden der übermäßige Verzehr von Salzstangen und die Entstehung bewegungsloser Bierbäuche beklagt, dann war es das Kinosterben; später wurde mit soziopolitischem Stirnrunzeln vor der Macht und der Manipulation des verführerischen Mediums gewarnt. Das Fernsehen erschien schließlich als Droge, die dumm und aggressiv mache.

Durch die Verbreitung der Videorecorder und die Vermehrung der Programme durch Satelliten und Kabelanschlüsse hat sich die alte Diskussion belebt. Der harte Kern der Fernsehverweigerer hat wieder Zulauf bekommen. Tatsächlich wird der Informationssalat immer unverdaulicher. Am Ende der Woche weiß man nicht mehr, wo man diese besonders hirnverbrannte Händeschüttelei gesehen hat: war das in Bonn oder Genf oder in dem alten Greta-Garbo-Film oder in einem Werbespot für Körperlotion gewesen?

Es wird daher ein immer verlockenderer Gedanke, den unförmigen Kasten über den Rand eines großen Müllcontainers zu kippen und befreit dem Zerbersten der Bildröhre zu lauschen.

Das wäre kein Verhängnis, aber doch ein Kurzschluß. Denn nur im Fernsehen zeigt sich in aller Fülle das Ausmaß des waltenden Schwachsinns. Das fängt schon bei den Sendezeichen und ihrer widerwärtigen Begleitmelodie an, die sofort klarmachen, daß hier Einlullung auf Supermarktniveau zu erwarten ist. Auch die Ansager und Ansagerinnen lassen darüber keinen Zweifel: sie werden immer puppiger, lächeln immer mehr wie Süßstoff, machen immer eingelerntere Bewegungen mit der rechten Hand und sprechen mittlerweile nicht einmal mehr wie zu Halbwüchsigen, sondern wie zu Kindern und Zuckerkranken.

Seine große Qualität entfaltet das Fernsehen aber erst in den Sendungen, in denen Politiker auftreten. Hier verblaßt die Frage, ob man sich als Liebhaber des Kinos einen alten Visconti kartongroß zumuten kann, ob die Kinder aggressiv werden, ob man durch Horrormeldungen dumpf oder nachdenklich wird und wie man sich verhält, wenn beim Abendbrot-Fernsehen Bilder vom Hunger in Afrika kommen.

Wer wissen will, was gespielt wird, kann sich nicht auf Zeitungen beschränken. Da sieht alles so vernünftig aus. Erst aufmerksames Fernsehen bringt die Wahrheit an den Tag: Wir müssen uns von der liebgewordenen Vorstellung trennen, daß die politische Prominenz dumm ist und verquere Gedanken im Kopf hat. Es ist vielmehr so, daß sie nichts eigenes mehr im Kopf haben, nur noch die Anweisungen ihrer Sprach- und Körpersprachtrainer; die etablierten Politiker erscheinen nur noch als wandelnde Produkte ihrer Imageberater. Allein das Image zählt. Und dieses Image teilt sich zu 90 Prozent über den Bildschirm mit. Wer oben bleiben will, der muß vor allem telegen sein. Das ist das einzige politische Prinzip in den westlichen Demokratien. Daher sieht man unter den Politikern keine Menschen mehr, sondern nur noch

Polit-Models, Tele-Puppen, die keine eigenen Reflexe mehr haben, sondern von ihren Trainern auf das Profil hin getrimmt werden, das sie für das ausbaufähigste halten und wovon man sich Wählerstimmen verspricht: der Volkstümliche, der Verschlossene, der distanziert Intellektuelle, der Leutselige, der gemütliche Dicke, der Schnoddrige. Ist die Rolle des Schnoddrigen schon besetzt, muß sich einer, der sie gerne eingenommen hätte, nach einer anderen Rolle umsehen, wenn er ins Kabinett möchte; die riskante Rolle des Vorschnell-Spontanen ist noch frei. Und im WDR soll ein Sprachlehrer sitzen, der nebenbei erfolgreiche Image-Umschulung betreibt. Nichts wie hin! – Das ist die politische Wirklichkeit. Sie besteht nur noch aus Kosmetik für den Bildschirm.

Wer gut trainiert hat, wird auch Wähler finden. In jedem Fall ist das Kurzinterview auf dem Weg vom windigen Portal des Konferenzgebäudes zum Wagenschlag wichtiger als das Ergebnis der Verhandlung. Sendezeit und Einschaltquote, die erbärmlich geschliffene Tele-Syntax, die verzweifelten Versuche, intelligent und vertrauensvoll in die Kamera zu schielen, sind zu maßgeblichen politischen Faktoren geworden. Kein Hirn, kein Herz, keine Seele in diesen Gestalten.

Das Fernsehen bringt diese zwar bekannte, aber doch immer wieder frappierende Tatsache für einen relativ geringen Unkostenbeitrag ins Haus. Daher wäre sogar ein Plädoyer für das Farbfernsehgerät zu erwägen. Denn schwarzweiß erwecken manche Sequenzen fälschlich den Eindruck von historischer Bedeutung. Wankelmütige Feinde der Herrschaft könnten sich an Fotos in Geschichtsbüchern erinnert fühlen, wenn sie die Großmafia beim Gipfeltreffen posieren sehen. Denn das gnädige Schwarzweiß verleiht ihnen eine Bedeutung, die sie gar nicht haben. Farbig wird noch deutlicher, wen unsere Nachbarn in Haus und Straßenbahn an die Macht gewählt haben.

Ein Kanzler und eine Ministerschar, wabbelig und knallbunt wie ein Pudding von Dr. Oetker. Zum Speien. Neben ihnen, bis zur Unkenntlichkeit gestrafft, stehen ihre unsäglichen Gattinnen und blecken wie die Stuten die Zähne. Goya hätte die Degeneriertheit nicht besser ins Bild setzen können als der Kameramann der Sendeanstalt.

Schwarzweiß wirken die Fernsehpolitiker alle nur wie ganz normale Verbrecher in einem Gangsterfilm. Sie haben fast so etwas wie einen schrecklichen Unterhaltungswert. Sie sind sozusagen noch als ernsthafte Dokumente der Wählerdummheit zu gebrauchen.

Farbig aber verlieren sie jegliche Existenzberechtigung. Den amerikanischen Präsidenten alert über den grünen Rasen von Washington die Gangway hoch zu seinem Hubschrauber federn zu sehen oder zu seinem Rednerpult, zu sehen, wie er die orangefarbene Hand hebt zum Gruß, um dann sanft und lächelnd irgendwelche Länder der Schwäche zu bezichtigen – spätestens dann wird einem klar, daß dieser Mensch, der besser nicht geboren wäre, schleunigst von der Bildfläche zu verschwinden hat. Und er ist wahrhaftig nicht der einzige. Sein Pressesprecher, ein Karrierebubi mit dauernd frisch gewaschenen Haaren und den kleinen ausdruckslosen Augen eines Bullterriers, stemmt sich vors Pult und haspelt in seiner verwaschenen Sprache den täglichen US-Faschismus in den Äther. Dann ist da noch ein Außenminister, der immer wie ein Nashorn tut und auch ein Nashorn ist, das heißt falsch und mit besonders wenig Hirnanteil; ferner ein Verteidigungsminister (Weinberger), eine zynische Echse, der von ihrem TV-Berater die Rolle zugewiesen wurde, bedeutungsvoll einsilbig im Hintergrund herumzuflitzen. Ihnen allen sieht der fortgeschrittene Fernsehzuschauer sehr schnell an, daß sie nicht mehr als drei Buchstaben weit denken können: CIA.

Allen voran die mit keinem Tier der Welt mehr zu vergleichende Margret Thatcher, dieses Nonplusultra der Abscheulichkeit, dieser entsetzliche Mißgriff der Schöpfung, die (neben Kohl, Albrecht, Dregger, Bangemann, Wörner, Wallmann, Geißler, Strauß, Stoltenberg, Waldheim und so weiter rauf und runter im Alphabet, Sozialdemokraten nicht ausgeschlossen) eine wandelnde Beleidigung des Menschengeschlechts ist. Und auch die Franzosen sind nicht besser: ausgestopfte Pfeifen, durch die Hormone der nouvelle cuisine nicht ganz so aufgedunsen wie die bundesdeutsche Brut. Wobei der Osten hier nicht als glorreiche Ausnahme beiseite gelassen wird, sondern weil seine Abartigkeit nicht so fernsehpräsent ist. Die Russen beherrschen die perfide Selbstinszenierung als Fernsehshow nicht in diesem Maße, rein telegen gesehen sind sie noch etwas hinter dem Mond. Und in einer Welt des Fernsehexhibitionismus wirken sie damit vergleichsweise rührend, weswegen die DDR-Garde zwar oberspießig, aber nicht ganz so verkommen aussieht, und Gorbatschow samt Gattin selbst im westlichen Meinungsvolk ein höheres Ansehen haben als die Animals der Westfarm. Lieber Bär als Schwein.

All diese Einsichten vermitteln sich in ihrer ganzen Tiefe nur übers Fernsehen. Nur fürs Fernsehen hampeln all diese Gestalten noch herum. Und nur übers Fernsehen wird die Erbärmlichkeit unserer maßgebenden Politiker sichtbar, gegen die ein Mann wie Gaddhafi, der ja nun wirklich ein hochgradig Verrückter ist, sich wie ein stolzer Räuberhauptmann ausnimmt, der wenigstens in einigen Punkten recht hat.

Einmal pro Woche, das ist das mindeste, sollten wir unsere Herrscher in Augenschein nehmen.

Der Innenminister (Zimmermann): wer hat je einen häßlicheren Menschen gesehen, dessen entsetzlicher Charakter so gnadenlos überdeutlich in sein Gesicht geschrieben ist? Und dann diese Flut von unverschämten Lügen, die sich aus dem sauren Froschmaul ergießen. Ob er weiß, daß ihm millionenfach die übelsten Tode an den Hals gewünscht werden? Und selbst so mancher Pfarrer erschrickt bei dem Gedanken, daß dieser Mann für seinen infamen Beschwichtigungsterror in Sachen Atomenergie eine satte Strahlung Jod 131 in seinen abscheulichen Kehlkopf verdient hätte, wenn Gott der Herr nur gerecht wäre. – Und der Verteidigungsminister (Wörner), auch er von so übler Erscheinung; ein unappetitliches Gesicht; wenn aus seinem bösartigen Wulstmund nur das Wort »Rüstung« herauskommt, wird einem übel. Aber kein Manöverunfall erlöst uns von diesem Scheusal. Neuerdings dreht er sich beim Reden immer ganz geil wie eine schwule Primadonna. Entweder ist er wirklich homosexuell, was ihm nicht vorzuwerfen wäre, oder sein Körpersprachtrainer denkt, der Kunde wirke durch diese Schraubtänze milder.

Dumm, dreist und verlogen – so präsentiert sich die politische Elite schamlos auf dem Bildschirm. So sind sie alle. Sie fühlen sich sicher. Aber das Fernsehen, das sie groß machte, wird sie zur Strecke bringen. Es platzen gottlob nicht nur Reaktoren, es platzt dem Volk gelegentlich der Kragen. In der uns eigenen Schizophrenie ertragen wir die Unerträglichen wie eine Erbsünde. Das Volk ist nicht das hellste, aber allmählich wird es ihm dämmern. All das falsche Grinsen lagert sich beim Fernsehzuschauer ab, Sehbeteiligung 30 Prozent. Ein paar Millionen Menschen werden dieses Grinsen nicht vergessen, wenn der Tag des Gerichts kommt.

Den Untergang der Chargen wollen wir dann bitte auch sehen, und zwar live, das sind uns die Sendeanstalten schuldig. Nicht den Weltuntergang, sondern das langsame Versinken der korrupten Herrschaft in ihrer eigenen Kloake. Der Charme des SDI-Vertrags mit den USA, sagte der bundesdeutsche Wirtschaftsminister (Bangemann), sei ja gerade, daß es kein Staatsvertrag sei, sondern daß die Privatwirtschaft aktiviert werde. *Charme*, sagte er. Eine Sache, die auf nichts als auf Vernichtung zielt, bezeichnet er vor laufender Fernsehkamera (und nur da) als charmant. Das merken wir uns. Und wenn sein so harmlos aussehender Babykopf prustend und gurgelnd im Morast versinkt, werden wir uns ein letztes Mal angeekelt vom Bildschirm abwenden. Die breite Fernsehmasse, das wird unvermeidlich sein, wird johlend vor Vergnügen vor der Glotze sitzen und die gerechte Rache genießen.

Es wird Sommer sein, die Straßen leergefegt, die Fenster offen, wie bei diesen idiotischen Fußballspielen. Und jedesmal, wenn einer unserer unappetitlichen Quälgeister verschwindet, wird ein Gejohle aus den Wohnzimmern dringen wie sonst nur bei Elfmetertoren.

◆◆◆◆◆◆◆

WARUM ICH TROTZDEM NICHTS GEGEN BEAMTE HABE

Wer gilt als Staatsfeind Nummer eins? Die Terroristen? Falsch. Die haben immer noch ihre Sympathisanten. Es gibt eine ungleich größere Personengruppe, der fast nur Antipathie entgegengebracht wird – und das sind die Beamten.

Die Beamten werden nicht etwa deswegen geschmäht, weil sie Diener eines Staates sind, an dem einiges auszusetzen wäre. Keineswegs. Im Gegenteil: die ärgsten Beamtenbeschimpfer sind in der Regel die treuesten Staatsbürger.

Der Zorn des Bürgers auf seine Beamten rührt zu einem guten Teil aus dem Neid: sicheres Auskommen, Unkündbarkeit, finanzielle Vergünstigungen verschiedenster Art – all das, wovon normale Angestellte, Selbständige, ja auch kleinere Unternehmer nur träumen, besitzt der Beamte; selbst wenn er 1. Klasse liegen will, bekommt er noch Zuschüsse.

Aber träumt der Zivilisierte heute von einem sicheren Leben? Natürlich nicht. Sicherheit gilt als notwendige Last. Die Politiker basteln trübsinnig am sozialen Netz, der Autofahrer am klemmenden Sicherheitsgurt, der Hausbesitzer feilscht mit dem Versicherungsvertreter über die Höhe der Hausratsversicherung, und ohne großes Vergnügen, nur aus Vernunft, montiert der Jagdhüttenpächter einen häßlichen grellroten Feuerlöscher an die Wand seiner rustikalen Holzbude. Spaß macht das alles nicht.

Träumen tut man vom Abenteuer und vom Risiko, je abgesicherter man lebt. Der Drang nach Sicherheit ist ein leidenschaftsloses Bedürfnis, nicht das Ziel der Sehnsucht. Daher halten alle Nichtbeamten Beamte für Spießer, die nicht zu leben verstehen. Und die Beamten in ihren sicheren Stellungen sind tatsächlich verunsichert. Sie haben sich einen Beamtenkomplex einreden lassen. Wenn bei einer Party die Stunde gekommen ist, wo die Leute ihre berufliche Tätigkeit preisgeben, wo Ärzte, Anwälte, Ökolandwirte, Architekten in eingeübten Worten ebenso bescheiden wie großspurig ihre Profession skizzieren, dann haben selbst die arbeitslosen Akademiker und die Hausmänner einen besseren Stand als die Beamten, die dann ganz kleinlaut sagen, sie seien Oberregierungsrat, Gehaltsstufe A 13 – peinlich. Das klingt wie gescheitert. Völlig uninteressant. Lebenslang, pensionsberechtigt – all die Vorteile werden ab 0,8 Promille zum Zeichen eines miefigen Engdenkens.

Das Bild der Beamten ist geprägt von einer verlogenen Mischung aus Neid und Verachtung. Der ungesicherte Hai im Wirtschaftsteich verübelt sich in seinem Beamtenspott sein eigenes Bedürfnis nach Sicherheit. Die Beamten sind die ideale Zielscheibe für das, was die Psychologen »Projektion« nennen. Sie geben den Nichtbeamten Gelegenheit, ihrer Aufmüpfigkeit Luft zu machen: Pfui über den pensionsberechtigten Lebensabend! Existenzkampf hält munter, heißt es dann, und Sicherheit macht stumpf.

So werden paradoxerweise ausgerechnet im Zorn auf die steuernverschlingenden Diener des ungeliebten Staates die Prinzipien eben dieses Staates glorifiziert. Denn der geruhsamen Beamtentätigkeit wird höhnisch eben jenes Leistungsbelohnungsdenken entgegengehalten, das täglich eine ganze Menge von Existenzen ruiniert.

Anstatt die monströs schillernden Bosse der Regierung zu beschimpfen, die ein Wettbewerbssystem ausgeheckt haben, das immer nur die Sprinter und Spurter zum Zuge kommen läßt und niemals eine Kultur der Schwäche, die ja auch beachtliche Produkte hervorbringen könnte, anstatt also die oben wirklich Regierenden anzufeinden, fällt man mit verlogenen Argumenten über harmlos vertrocknete Oberregierungsdirektoren und andere unscheinbare Vollzugsorgane her. Selbst Polizisten und Berufssoldaten werden nicht deswegen attackiert, weil unappetitliche Waffen an ihnen baumeln, und auch nicht wegen dieser blödsinnigen Dienstmützen, deren doppeltopfartiger Aufbau absurder ist als die künstlich vergrößerte Unterlippe der Zulukaffer. Nein, man rügt die Uniformierten ausgerechnet in ihrer friedlichsten, harmlosesten und menschlichen Eigenschaft: weil sie Beamte sind.

Das Naserümpfen über die Beamten ist also primitiv und lenkt von einer echten und notwendigen Kritik am Dienst des Staates ab. Am dümmsten ist die Beamtenschelte dort, wo sie sich über den sogenannten Amtsschimmel hermacht und das Verwaltungswesen und die Formulare bejammert, mit denen die Ämter ihre zähe Arbeit verrichten. Die biedersten Bürger werden zu kessen Anarchisten, wenn sie einen Antrag stellen und ihr Geburtsdatum irgendwo eintragen müssen, was man als Eingriff in die Intimsphäre ansieht. Da läßt man sich sogar zu einer Beschimpfung der Nation hinreißen: Diese pedantischen Deutschen seien das allerletzte! Weniger beleidigend ist offenbar, daß die sauberen, ordentlichen, pflichtbewußten Deutschen vor dem Onkel aus Amerika auf den Knien herumrutschen oder, wenn man das nicht so empfindet, zumindest munter Waffen in alle Welt liefern oder, wenn man das auch nicht so empfindet, zwar nicht so viele Plastiktüten wie die Südländer in Wald und Wiesen werfen, aber dafür alle möglichen Blei- und Kadmiumreste möglichst unsichtbar in die Heimaterde sickern lassen. Und der Hausbesitzer empfindet es als Zumutung, daß er bei einer Baubehörde eine Genehmigung für seinen Häuschenanbau einholen muß. Im eigenen Garten! Diese Deutschen! Wieviel unbürokratischer sei es doch im freien Amerika!

Die eigentliche Beamtenmentalität haben nicht die Beamten, sondern ihre Gegner. In ihren Briefen an die Finanz- und

Baubehörden übertreffen sie das amtliche Verwaltungsdeutsch um Längen. Sie verfassen keine Briefe, sondern »Schreiben«. Sie teilen unter Bezugnahme auf ihre Anlage vom Soundsovielten etwas mit, sie kaufen sich extra für ihren Schriftverkehr mit den Ämtern elektronische Schreibmaschinen mit Korrekturtasten, weil sie denken, ihre Anträge um Stundung der Einkommensteuer wirken unseriös, wenn sie die alte Olympia mit dem patzigen »e« benutzen. Anstatt das staubige Amtswesen mit wilden handschriftlichen Briefen außer Fassung zu bringen, paßt man sich untertänig grollend an. Weil man so korrekt ist, träumt man subversiv, und weil man subversiv träumt, ist man so korrekt – das ist die Ping-Pong-Dialektik der demokratischen Staatsbürger.

Nicht die Beamten sind Scheusale, sondern all die korrekten Antragsteller, die ihr schematisches Pflichtbewußtsein in korrekt ausgefüllten Formularen austoben, um sich hinterher über die Schikane der Ämter zu beschweren. Für sein selbstverschuldetes Kuschen vor den Organen des Staates rächt sich der gewissenhafte Bürger, indem er die Beamten verspottet.

◆◆◆◆◆◆◆

◆◆◆◆◆◆◆◆◆◆◆◆◆◆ WARUM ◆◆◆◆◆◆◆◆◆◆◆◆◆◆ ICH MISANTHROPISCH BIN UND BLEIBE

Ist es Veranlagung? Ist es Erziehung? Ich stehe dazu. Es hat lange gedauert. Jetzt endlich bejahe ich es. Es ist so stark. Es ist so schön. Ich will nicht mehr dagegen ankämpfen. Schon als Heranwachsender fühlte ich diese Lust am Widernatürlichen bei der glühenden Lektüre der einschlägigen Literatur. Lange wollte ich es nicht wahrhaben. Ich habe es unterdrückt. Ich war ein Schaf. Jetzt, da alle zu ihrer Perversion stehen, da Schwule und Lesben enthemmt ihre Abart preisen, will auch ich endlich ans Licht treten: Ich war schon immer, ich bin und bleibe Misanthrop. Und das ist gut so.

Das Geständnis fällt nicht leicht. Denn die Misanthropie ist eine verfemte Lebenshaltung. Sie ist mit vielen negativen Vorurteilen belegt, die sich mit ein paar kümmerlichen Worten nicht schnell aus dem Weg räumen lassen. Später als Rentner werde ich vielleicht ein kleines Buch schreiben über die Misanthropie, um dieser verunglimpften Weltanschauung wieder zu Ansehen zu verhelfen. Denn immer wird sie schlechtgemacht und verwechselt, nie wird sie verstanden. Von den Linken wird der Misanthrop als möglicher Wegbereiter des Faschismus beargwöhnt, von den Rechten als systemzersetzend, von den Frommen als teuflisch. Und wie immer ist heute der Zeitpunkt ganz besonders ungünstig, die Misanthropie zu verteidigen, denn wie immer ist ganz besonders heute tatkräftigste Zuversicht gefragt.

Es mag vielleicht als übertrieben erscheinen, daß ich hier mutig zu einer Haltung stehe, die doch so sehr auch wieder nicht im Schußfeld der öffentlichen Kritik steht. Aber ich will mich hier keineswegs als Märtyrer wichtig nehmen, indem ich nach Art mieser Journalisten eine gar nicht vorhandene Strömung erfinde, um mich als einsamer Schwimmer gegen diesen Strom zu stilisieren. So ist es nicht.

Es ist eine Frage der Wörter und ihrer Wahl. Die Altertümlichkeit des Wortes »Misanthrop« schützt den Misanthropen vor übler Nachrede. Weil die alten Wörter nicht mehr geläufig sind, gilt der Misanthrop als kauziger Sonderling, als lustige Komödienfigur mit hypochondrischen Zügen, eine Figur, über die man lachen kann, ein liebenswerter Nörgler.

Die Lexika wissen es besser; sie äußern sich knapp und streng: der Misanthrop, auf deutsch Menschenfeind, sei voll von Verachtung, Abscheu und Haß, daher im höchsten Maße ungesellig, ein scheußlicher Fremdling auf Erden, mürrisch und verdrossen.

Haß und Verachtung sind allerdings nicht gerade in Mode. Das führt zu Krieg, heißt es. Die Liebe soll uns retten und den Frieden bringen, so lautet die moderne Heilsbotschaft. Den inneren Liebesfrieden glaubt man am ehesten mit Erich Fromms unglaublich seichter Schrift »Die Kunst des Liebens« zu erreichen; den Weltfrieden packt man gern mit Franz Alts aufgewärmter Bergpredigt an, wonach Frieden bei genügend Liebe schon möglich sei. Diese Bücher waren Millionenerfolge. Mit der Misanthropie sind solche Geschäfte wohl kaum zu machen. Das ist bedauerlich.

Menschenfeindschaft, Haß und Verachtung bleiben diskriminiert, und also bleibt dem Misanthropen nichts anderes übrig, als sich zu tarnen. Wer will schon zu einer kläglichen Minderheit gehören. Außerdem möchte der Misanthrop nirgendwo hingehören, zur Mehrheit sowieso nicht, aber auch nicht zu einer Minderheit. Er ist nicht einmal ein Individualist, denn das sind ja die Schlimmsten. Das sind die, die sich in irgendwelchen Clubs gefunden haben und nun zu Tausenden in Mittelmeerbuchten Individual-Urlaub machen.

Ein mehrbändiges Philosophisches Lexikon belehrt mich, daß man aus Enttäuschung zum Menschenfeind werde. Weil man sich mehr von den Menschen erwartet hätte und auch weil man sich von ihnen nicht geliebt fühle, schlage die enttäuschte Erwartung in Menschenverachtung um, wie auch in der Fabel der Fuchs die Trauben, die er nicht erreichen könne, einfachheitshalber als sauer bezeichnet.

Das sind natürlich Kurzschlußerklärungen von Leuten, die immer von ihrer eigenen verklemmten Seele ausgehen. Alles daran ist falsch. Nichts wäre dem Misanthropen ekliger als die Zuneigung von den Menschen, die er so abscheulich findet. Misanthropie ist keine Folge von Enttäuschung – sie schützt vor Enttäuschungen. Denn so furchtbar ist die Meinung des Misanthropen über seine Mitmenschen, daß er sie bei näherem Kennenlernen nur besser finden kann. Man sieht, hier funkelt bereits der Keim des Guten aus der Menschenfeindschaft.

Das Gegenteil von Menschenhaß wäre die Nächstenliebe, ein ehrwürdiger Begriff, aber reine Theorie. Die vergangenen zweitausend Jahre des christlichen Abendlandes haben gezeigt, daß im Zeichen der Nächstenliebe die gräßlichsten Verbrechen geschehen sind, zu denen echte Misanthropen niemals fähig wären. Aus Liebe zum deutschen Menschen wurden 6 Millionen Juden ermordet, aus christlicher Nächstenliebe wurden Negerstämme unglücklich gemacht, Muselmanen gezweiteilt, und die schönsten Frauen und die am klarsten denkenden Männer wurden in der Inquisition von verkniffenen und von ihrem ekelhaften Glauben verkrüppelten Christen verbrannt und zu Tode gefoltert. Schlimmer konnte es nicht kommen.

Daher sollte man es die nächsten 2000 Jahre mit Misanthropie versuchen. Es kann nur besser werden. Misanthropie kennt keinen Antisemitismus. Sie glaubt an nichts. Und die Schlimmsten von allen, die Nazis, hätten sich bei einer breiten misanthropischen Grundhaltung am allerwenigsten durchsetzen können. Ein Misanthrop wäre nie ein geifernder Missionar geworden und auch kein schlägernder Kreuzritter und schon gar niemals eines von jenen perversen Geschöpfen, die aus dem nächstenliebenden Schoß der Kirche krochen, um sich als Gehilfen der heiligen Inquisition beim Anblick Sterbender im Namen Gottes einen runterzuholen.

Die Nächstenliebe ist eine weltfremde Forderung, die nur böses Blut machen kann; wie soll ich meine Feinde lieben. Das ist zuviel verlangt. Wenn ich sie aber verachte, kann ich nur angenehm überrascht werden.

Verachtung ist gefährlich und will gut gelernt sein. Denn eine halbe Misanthropie ist furchtbar; ist nur jenes bayerische Granteln und Berliner Meckern, jene muffelige, besserwisserische, rassistische Leserbriefschreiberei.

Die wichtigste Voraussetzung der gehobenen Misanthropie ist es, nie einseitig zu verachten. Die einseitige und inkonsequente Verachtung hat die Misanthropie in Verruf gebracht. Wer Menschen verachtet, die in Billigläden miese Konserven kaufen, der ist nichts anderes als ein dummer, arroganter Zyniker. Wer aber umgekehrt nur die Käufer in Feinkostläden nicht ausstehen kann, die dem demütigen Mädchen in der Delikatessenecke mit scharfer Stimme genaueste Anweisungen über die Dicke der Roastbeefscheiben zurufen, der ist nicht misanthropisch genug. Denn die dicken Weiber im Vorstadtsupermarkt, die den ganzen Tag nichts zu tun haben und sich doch schnaufend an der Kasse vordrängeln mit ihren obskuren Zeitungen, sind nun wahrlich auch nicht die reine Freude.

Was immer einen abstößt, man sollte nicht glauben, das Gegenteil sei besser. Dies ist eine wichtige Regel der gehobenen Misanthropie. Der Schnösel, der mit dem Porsche durch die Großstadt prescht und damit seiner törichten Beifahrerin gefällt, ist wahrhaftig eine lächerliche Erscheinung, aber das heitere Tandempaar, das frischluftfanatisch durch die Felder radelt, entbehrt auch nicht der Komik. Der Trimmpfad-Jogger ist ebenso ein Graus wie der Bierbauch, der sich in einer reaktionären Kneipe bewegungslos volllaufen läßt. Die Vegetarier gehen einem ebenso auf die Nerven wie die Verzehrer von Schweinshaxen, die Amerikaner wie die Russen, die Singles wie die Paare, die Sammler wie die, die alles wegwerfen. Die Optimisten wie die Pessimisten, die Konventionellen wie die Unkonventionellen, die Alleswisser wie die Ignoranten, die Dynamischen wie die Trägen, die Liberalen wie die Radikalen – sie alle sind grauenvoll –, und am schlimmsten sind die, die Kompromisse machen, die werden nur noch von den Kompromißlosen übertroffen.

Es hat keinen Sinn, all diese Menschen lieb und nett zu finden. Das macht nur aggressiv. Es schadet nicht, sie erst einmal alle herzlich zu verachten. Ausnahmen ergeben sich zwangsläufig wie von selbst: der Jogger im Park, den man eben noch hätte erschlagen können, hält plötzlich an und fragt, ob einem der Autoschlüssel gehört – und tatsächlich, man hatte ihn verloren. Und die Beifahrerin des Porschefahrers, die man für eine Äffin hielt, springt bei der Ampel wütend aus dem Wagen, nennt den Fahrer mit einer überraschend schönen, dunklen Stimme lauthals eine gesengte Sau, empfiehlt ihm, sich eine andere zu suchen, und läßt sich vom misanthropischen Beobachter der kleinen Szene willig zu einem Glas Wein einladen.

Misanthropie und Liebe passen gut zusammen. Verliebte und Misanthropen sind in gewisser Weise verwandt, was nur scheinbar paradox ist. Denn beide werden von den gesellschaftlichen Konventionen ins Abseits gedrängt, wo man sie halb mißtrauisch, halb neidisch gewähren läßt; beide haben die Welt gegen sich. Die Position ist nicht so übel. Denn die Welt ist vulgär. Darum hüte man sich vor der Vulgärmisanthropie, die sich ständig über Kantinenessen und Beamte beschwert. Misanthropie bedeutet Opposition. Und als Misanthrop mit Niveau verachtet man am meisten die Verächter. Hierüber Näheres in meinem Buch in 25 Jahren.

◆◆◆◆◆◆◆

WARUM ICH TROTZDEM FÜR AUTORENLESUNGEN BIN

Die Sache ist irgendwie unnatürlich. Ein Buch ist zum stillen Lesen da. Bestenfalls dazu taugt es. Ein aus einem eigenen Buch öffentlich vorlesender Autor ist ein Unding.

Nichts gegen das Vorlesen anderer Art. Schallt aus dem Radio vorgelesene Literatur, so ist das beim Autofahren oder Geschirrspülen ein willkommener Zeitvertreib; bei diesen tödlichen Beschäftigungen höre ich mir selbst die empfindlichste Bespiegelungspoesie mit Interesse an.

Sinnvoll sind auch Lesungen vor Analphabeten, Legasthenikern, Blinden; und auch mit dem Vorlesen politisch brisanter Texte die Herde gegen die miese Herrschaft aufzuwiegeln, ist gut und schön – obwohl gerade dort die flammende Stegreifrede angebrachter wäre, wo die glühenden Worte mit entsprechenden Blicken begleitet werden können.

Der verkümmerte Blickwechsel nämlich trägt einen Teil der Schuld, daß Autorenlesungen etwas Quälendes haben.

Wohin mit den Augen des Hörers? Schaut man zur Decke, dann sieht das so gelangweilt aus, betrachtet man die eigenen Füße, wirkt das versunken; und andächtig vor sich hinsehen möchte man schließlich auch nicht. Die Zeit des Weihrauchs ist vorbei.

Sucht man die Augen von Bekannten im Publikum, so schafft das auch nicht Erleichterung. Denn noch ist jeder unschlüssig, ob hier Blödsinn erklingt oder gehobene Sprachkunst. Daher liegt auf den Gesichtern der Zuhörer eine unerfindliche Mischung aus Respekt und Verachtung. Das Zucken um die Nase kann höchstes Mißfallen ebenso bedeuten wie nervöses Akademikerinteresse. Blickkontakte untereinander werden vom Publikum tunlichst vermieden: man würde sich gezwungen fühlen, seine Miene zu einem eindeutigen Werturteil zu verziehen; und eben dies will man im Augenblick vorsichtshalber noch nicht tun.

Dauernd den Autor anzusehen, ist wenig ergiebig. Da sitzt er, erregend prominent oder entsetzlich unbekannt – in jedem Fall völlig authentisch – und starrt in sein Buch.

Es gibt die verschiedensten Typen von vorlesenden Autoren. Manche lesen verlegen mümmelnd, manche bohren sich begeistert in ihre Texte und rufen ungeniert und gestikulierend in ihre Seiten hinein – ein eher störender Anblick. Nicht wenige tauchen nur kurz ins Innere ihrer Bücher, dann schauen sie hoch und sprechen die Sätze auswendig zu Ende, bedeutsam wie alte Seher; und blind vor Selbstliebe ist ihr Blick.

Die einen lesen penetrant bescheiden, die anderen penetrant selbstgefällig; die einen sind unsicher, die anderen völlig von ihrem Text überzeugt. Die einen stilisieren sich als Publikumsverächter, die nur mal eben auf dringenden Wunsch des Verlegers stöhnend vom geliebten Schreibtisch aufstanden, um sich dem Verkauf des Buches zuliebe dem lästigen Lesevolk zu zeigen. Die anderen genießen die Verbrüderung mit der Leserschaft und merken nicht, daß die gar nicht stattfindet.

Die Vielfalt ist wunderbar. Manche zelebrieren sich tönend und geben großzügig Einblick in das, was sie *work in progress* nennen, manche stammeln undeutlich vor sich hin, bis endlich nach einer halben Stunde eine siebzigjährige Dame den Mut findet, dem Poeten zuzurufen, er möge doch lauter lesen – worauf dieser sekundenlang seine Stimme erhebt, um dann endgültig unhörbar zu werden.

Nun wäre es an der Zeit, das Publikum aufs Korn zu nehmen. Dies aber werde ich nicht tun. 1966 hat einer unserer frühvergreisten Klassiker von der Bühne aus das Publikum beschimpfen lassen; erstaunlich, welchen Anklang diese pubertäre Unternehmung damals fand. Willig ließ man sich von Handkes schlaffer Rute geißeln und kulturbeflissene Konsumentenhaltung vorwerfen. Als wenn man etwas anderes mit Kultur tun könnte, als sie zu konsumieren! Tollkühn und geradezu fortschrittlich fand man die Tirade, die in Wahrheit nur stockkonservativ den sorgsam gehegten Scheinunterschied zwischen Künstler und Bildungsbürger verfestigte, der schon von Thomas Mann in nimmermüder Verblendung beschrieben worden war.

Als sei der Leser der Feind des Autors! Der Leser ist lieb, meine Damen und Herren. Zu Zeiten, da man vom Lesen noch etwas verstand, wurde er von den Autoren umworben, an die Hand genommen und durch das Geschehen der Romane geführt, der liebe Leser und die noch liebere Leserin.

Ach, schöne Leserin, laß mich dein Unterhalter sein für den heutigen Tag. Laß dich entführen, wohin du willst, deine Hüften faß ich noch lieber als deine Hand; schüttle den Kopf, Komplizin, geschmeidige, wenn du den Weg nicht magst. Dunkel fliegt dein Haar und ins frei gewordene Ohr will ich dir flüstern, was das für Asseln und Kakerlaken sind, was für Chargen und Schergen, all die Kanzler und Präsidenten, Minister, Ärzte, Anwälte und Dichter, die dir auf meinen Seiten begegnen mit ihren ganz und gar nichtswürdigen Frauen. Biege dich vor Vergnügen, vertraute oder auch meinetwegen nicht vertraute Leserin. Hell und ungezogen klinge dein kostbares Lachen aus dem stumpfen Gebrabbel allabendlicher Konversation.

Ach, vorbei die Zeiten, wo der Leser, die Leserin mit solchen hemmungslosen Entgleisungen gewonnen werden konnten. Die gute alte Sitte, den zu umgarnen, auf den man doch angewiesen, ist bei den Literaten von heute verblaßt und von den Strategen der Werbung übernommen worden. Dort ausgerechnet weiß man, mit welchen Tricks man die Leute bei der

Stange hält. Für einen ernstzunehmenden und vor allem preiswürdigen schriftstellerischen Text empfiehlt sich solche Taktik nicht. Das gilt als überkommene Erzählstruktur. Das ist ein bißchen brav und einfach. Wo die Welt so brüchig und unverständlich ist, soll es auch die gehobene Literatur sein.

Natürlich bahnt sich schon wieder ein Trend zum saftigen Erzählen an, darüber können wir uns dann übermorgen lustig machen, noch haben wir es mit einer leserunfreundlichen Literatur zu tun: Das Assoziationschaos der Autoren wird als gelungenes Abbild der chaotischen Gegenwart verkauft. »Ich denke nicht daran, beim Schreiben an den Leser zu denken«, sagt der anspruchsvolle Autor von heute und pflegt mit solchem Spruch sein Image als furioser Außenseiter, während er in Wirklichkeit nichts anderes als das Künstlersozialgesetz im Kopf hat. Was jeder Teppichverkäufer beherrschen muß, das Appetitmachen auf die Ware, ist dem Dichter zu niedrig: der Leser soll sich Mühe geben, heißt es.

Das so gestörte Verhältnis von Erzeuger und Kunde wird noch peinlicher, wenn der Leser sich leibhaftig vom Sofa erhebt, um sich zu einer Autorenlesung zu begeben, wo der leibhaftige Autor aus seinem als spröd und sperrig gepriesenen Buch vorliest, in das auch die zaghafte Diskussion anschließend kein Licht und Leben bringt.

Möglicherweise wären die Stunden vor dem Fernsehapparat gewinnbringender gewesen. Denn bei aller Liebe zur Literatur, meine Damen und Herren, sollten wir den Nutzen des Fernsehens nicht unterschätzen. Allein die immer verdummteren und verdummenderen Sendezeichen, Erkennungsmelodien und Programmansagen sind lehrreicher als so manches Gedicht. Und gar den Kanzler bei einem Staatsbegräbnis in Moskau oder Washington herumstehen zu sehen und sich zu überlegen, was in einem solchen entstellten Schädel wohl vorgeht, kann förderlicher sein als die

Gegenwart eines Dichters, der nuschelnd seine Texte verhunzt oder sie mit raffinierter Selbstdarstellung aufbläht.

Entzieht sich aber der Autor verächtlich dem Markt, von dem er doch lebt, und lehnt er hochnäsig jeden Kontakt mit dem Publikum ab, so ist diese Weigerung noch gezierter als die peinlichste Lesung. Wer schreibend den literarischen Zirkus bedient und sich vor dem Auftritt in der Manege scheut, macht sich auch lächerlich.

Und wie ließe sich eine Lesung erträglich gestalten? Sollte der Autor in einem Käfig sitzen, um so auf die Affenhaftigkeit seiner Situation hinzuweisen? Das überträfe nur alles Dagewesene an Eitelkeit. Vielleicht sollte er lesen *lassen* und die akustische Übertragung der von ihm zu Papier gebrachten Zeilen einer ausgebildeten und neutralen Zunge anvertrauen. Kein Mensch erwartet, daß der Koch auch das Essen serviert. Und während die professionelle Stimme in schönster Deutlichkeit klangvoll den Saal füllt, sitzt der Autor vornehm in den Reihen der Zuhörer und macht sich Notizen zu seinem nächsten Text: *Warum ich trotzdem gegen Profis und für Dilettanten bin.*

◆◆◆◆◆◆◆

◆◆◆◆◆◆◆◆◆◆◆◆◆◆ WARUM ◆◆◆◆◆◆◆◆◆◆◆◆◆◆ ICH TROTZDEM GEGEN PROFIS UND FÜR DILETTANTEN BIN

Alles ist kaputt. Nichts geht mehr. Öl oder gar Blut sickern in die Erde. Ein Kurzschluß lähmt den gesamten Betrieb. Die Versuche der Anwesenden, eine Katastrophe zu verhindern, sind lächerlich.

Da kommt der Profi. Im letzten Augenblick. Er bahnt sich den Weg durch die Menge. Er überblickt sofort die Situation, legt sein Jackett ab, erteilt knappe Anweisungen. Er ist entschlossen. Er fackelt nicht. Er bittet um einen Schraubenzieher oder auch um den Ordner mit den Anstellungsverträgen, je nachdem ob eine Maschine klemmt oder eine Verhandlung. Dann legt er los. In kürzester Zeit ist die Bombe entschärft, der ohnmächtig Blutende wohlauf – je nachdem ob der rettende Profi Sprengmeister oder Arzt ist.

Profis beheben Kurzschlüsse, bringen Maschinen wieder zum Laufen, schließen Wasserrohrbrüche. Kaum erscheint der EDV-Profi, geht der Computer wieder; taucht der Schlichtungs-Profi auf, streiken die Arbeiter nicht mehr.

»Absolut professionell« – diese zwei Wörter sind das Gütesiegel in einer Zeit, wo nur noch mit Pfusch schnelles Geld gemacht wird, wo weder die Kunst etwas taugt noch die Karosserien der Autos, wo solide aussehende Neubautüren beim effektvollen Zuknallen aus den Fugen geraten, wo dicke Bücher beim Lesen auseinanderbrechen, wo selbst die Bankräuber sich immer häufiger als nervöse Hosenscheißer erweisen, die zitternd und ohne die Spur von verbrecherischer Größe am Schalter mit der Pistole fuchteln, in einer Zeit, verdammt nochmal, wo wir offenbar nur noch von blutigen Laien und auskunftsunfähigen Hilfskräften umgeben sind –

da ist es der Profi, der uns mit seiner exakten Arbeit Respekt abzwingt.

Schnell und entschlossen geht er ans Werk, pünktlich und zuverlässig ist die Arbeit getan. Gewußt wie. Der Profi fragt nicht viel. Er weiß Bescheid. Er lächelt milde über die Arbeit seiner Vorgänger. »Wer hat Ihnen denn den Teppichboden gelegt?« sagt der Teppichboden-Profi kopfschüttelnd, ehe er loslegt. »Wer war denn in diesem Laden für Auslandslizenzen und Kundenkontakte zuständig?« ruft der neue Mann, der auf Wunsch des Vorstands endlich einmal professionellen Schwung in das lahme Familienunternehmen bringen soll.

Das ist ein etwas penetranter Zug am Profi, daß er sein Renommee so oft auf Kosten anderer erschleicht. Dadurch glaubt man sich bei ihm in guten Händen. Auf seine Arbeit ist Verlaß. Insofern ist der Profi auch gefährlich. Man ist ihm ausgeliefert.

Der Profi hört nicht zu. Er nickt zwar gnädig und hat sich ein knappes, zeitsparendes »Ja« angewöhnt, mit dem er freundlich, aber ungeduldig die Sonderwünsche seiner Auftraggeber kommentiert; aber bei seiner Arbeit hält er sich nicht im geringsten danach.

Wer einem Profi den Auftrag gibt, den etwas verwahrlosten Garten zu verschönern, der wird ihn nicht wiedererkennen. Ach, hätte man doch lieber einen Studenten vom Schnelldienst bestellt, der hätte die Wiese gemäht und ein bißchen an der Hecke herumgeschnippelt. Der Profi aber hat saubere Arbeit geleistet: Der schöne alte Flieder ist auf Augenhöhe abgesägt, damit er von unten besser treibt, die gemütliche Wiese ist umgegraben und neuer Rasen gesät. Zwei Sommer lang ist dieser Garten unbenutzbar.

Stutzen, damit es wächst, ist immer die Devise von Profis. Sie haben kein Erbarmen mit dem, was gerade lebt. Kündigen, damit das Unternehmen blüht. Einschneidende Maßnahmen müssen ergriffen werden: Nägel mit Köpfen. Alles klar. Keine halben Sachen. Klotzen statt kleckern – das ist die Strategie.

Der Profi ist kalt, hart und herzlos. In seligen Zeiten, wo man noch Motorradfahren konnte, weil fette Ministerpräsidenten und Topmanager noch nicht wie die Mistkäfer auf den Selbstbefreiungsinstrumenten klebten und das Image versauten, fuhr ich eine Horex Regina. Schon damals gab es keine Ersatzteile mehr. Als der Zylinderkopfdeckel ausriß, sagte der Werkstattmeister, er könne da kein Gewinde für eine neue Schraube mehr nachschneiden: »Kein Fleisch mehr in der Zylinderwand!« (Ein wahrhaft professioneller Ausdruck.) Die Maschine könne ich praktisch wegwerfen. Nie und nimmer akzeptiert der Laie ein so grobes fachmännisches Todesurteil. Mit den Zugfedern eines alten Pubertätsexpanders zurrte ich das irreparable Teil fest und fuhr noch zwei Jahre lang mit dieser Konstruktion. – Beim Profi ist eben keine Liebe da, schon gar nicht zum Hinfälligen.

Am deutlichsten wird das in dem Gewerbe, in dem das »Professionelle« zur Berufsbezeichnung wurde: Wer bei den Professionellen auch nur die Spur von Liebe sucht, ist ein armer Irrer. Die Dienerinnen der Liebe zeigen, wie Geldgier und Kälte mit Professionalität zusammenhängen. Nur die herzlose Hure bringt es zum Erfolg. Die, die sich in einen Freier vergafft, ist bereits verloren. – Der Profi verkauft sich. Nur Geld ist im Spiel. Nichts macht er umsonst, nichts macht er aus Liebe.

Der Sportler ist schlimm genug. Das Hordenhafte, diese Treibjagdmentalität der Ballspiele ist ein Rückfall in die Steinzeit. Der Profisportler aber ist noch entsetzlicher als der Amateur. Noch unverhohlener, noch breiter grinsend macht er Reklame für Fruchtsäfte und Margarine, Turnschuhe und Bankhäuser. Und der Volksmund, diese dumme Schnauze, nimmt ihn auch noch in Schutz: ein Profi, der weiß, wie man Kohle macht; er gälte als blöd, wenn er auf die Millionen verzichtete.

Nehmen wir den Tourismus. In einem malerischen Ort in Oberbayern mit dem verwunschenen Namen Reit im Winkl wurde er in den 50er Jahren als liebenswerter Nebenverdienst betrieben. Zwei Dortmunder und eine Berliner Familie fügten sich anstandslos ins sommerliche Dorfleben. Mundpropaganda bescherte schließlich jedem einheimischen Haus seine Sommergäste. Bis irgendwann ein Profi kam und den Leuten klarmachte, wie dumm sie das Geschäft betrieben, nämlich »total dilettantisch«. Nun wurde professionell telefoniert, spekuliert, organisiert, kalkuliert, rationalisiert, intrigiert, geschmiert und dafür gesorgt, daß sich das alles amortisiert. Der organisierte Massentourismus von heute ist das Werk von Profis.

Profis haben Resopaltische erfunden, Profis haben sie unters Volk gebracht und den Gastwirten aufgeschwatzt, in eine professionell geführte Gaststube gehörten keine Tische mit Holzplatten.

Profis halten die Welt in Schuß. Es wird Zeit, ihnen das Handwerk zu legen. Sie haben keinen Respekt verdient. Profis machen alles kaputt. Professionell ist immer auch kriminell. Wobei die professionellen Safeknacker oder Datenbankhacker noch zu den am wenigsten unsympathischen Profis gehören.

Profis sind verantwortungslos. Sie faseln von Langfristigkeit. Wenn sie aber das angeblich überlastete Stromnetz erneuert oder zweihundert Leuten gekündigt haben, dann machen sie sich aus dem Staub. Sie sind gedungen. Sie kneifen nicht. Sie werden nicht weich. Sie tun, was man verlangt. Unter dem Vorwand, beste Arbeit zu tun, ist der Profi immer ein Vernichter. Er hat nichts als Verachtung und Mißtrauen verdient. Er ist ein Handlanger der Macht. – Soll ich noch deutlicher werden und an den Gipfel der Professionalität erinnern? »I only did my job« – das sagte Eichmann, und das sagte der Bomberpilot von Hiroshima.

Profis können Dilettanten nicht leiden. Sie können es denen nicht gönnen, daß vielleicht die ohne Ausbildung die besseren Einfälle haben. Also müssen Dilettanten, wo immer es geht, schlechtgemacht und belächelt werden. Denn sie sind schon seit langem eine Gefahr für die Profis. Das gilt auch für Künstler. Daher haben Goethe und Schiller eine gemeinsame Schrift verfaßt, worin sie den Dilettanten in seine Schranken verwiesen. Der Profi-Poet läßt keine dilettantischen Gedichte gelten. – Die Kunst und die Literatur, die uns heute zum Hals heraushängen, sind aber ein Werk von Profis.

Der Profi dübelt. Für eine Ewigkeit soll der brutale Haken halten. Der Dilettant schlägt einen liebevollen Nagel ins Holz und biegt ihn um. Das hält lang genug. Die Welt ist ein Provisorium. Dieser Satz könnte aus einer Sonntagspredigt stammen. Daher fahre ich fort: Die Welt gehört in die Hand von Stümpern und Pfuschern. Es lebe das Flickwerk, das Unperfekte, der rostige Nagel, der Blumendraht. Die Profis haben versagt.

Die Welt muß endlich den Dilettanten überlassen werden. Das wird hart. Denn es ist nervtötend, mit Dilettanten zu arbeiten. Sie verstehen auf Anhieb nichts, fragen dauernd nach, machen trotzdem alles falsch. Sie sind unzuverlässig, unpünktlich, nicht belastbar. Sie weigern sich, etwas zu tun, haben Gewissensbisse, blockieren mit ihrem Unverstand und ihren Skrupeln jeden reibungslosen Ablauf. Und gerade dies ist dringend nötig.

◆◆◆◆◆◆◆

◆◆◆◆◆◆◆◆◆◆◆◆◆◆◆ WARUM ◆◆◆◆◆◆◆◆◆◆◆◆◆◆◆ ICH TROTZDEM KEINE FRAGEN HABE

»Haben Sie noch Fragen, meine Damen und Herren?« – Der Vortragende hat seine Ausführungen beendet, nach sekundenlanger Unsicherheit des Publikums, ob nun auch wirklich Schluß sei, hatte zaghafter Beifall eingesetzt, der nun auch verflogen ist.

Jetzt kommt der Redner hinter seinem Pult, seinem Tisch hervor. Er will die Distanz zum Publikum aufheben. Er ist jetzt nicht mehr Spezialist, Fachmann, Unterhaltungskünstler, sondern Ansprechpartner. Um das zu demonstrieren, zieht er sein Jackett aus, setzt sich schräg an die seitliche Tischkante und wippt mit dem Bein. »Bitte«, sagt er. »Bitte, meine Damen und Herren, wenn Sie jetzt Fragen haben, dann bitte!« Er stehe zur Verfügung, sagt er und räuspert sich, um seine Stimme für die erste Antwort noch klarer zu machen.

Er läßt seinen Blick aufmunternd durch die Reihen wandern. Stille. Einige rutschen unruhig hin und her. Sind sie kurz davor, den Raum zu verlassen oder zu fragen? Der Vortragende glaubt letzteres. Er fixiert einen Herumrutscher und sagt freundlich: »Nur zu!« Der hört sofort zu rutschen auf.

Ein kauziger Kranzbart in der ersten Reihe bewegt die Lippen, als würde er gleich loslegen. Nichts. Der Vortragende beginnt zu zweifeln: hatten seine Ausführungen nicht genug Provokantes enthalten!? Da waren doch jede Menge Sprengsätze drin! Das konnte man doch nicht einfach so hinnehmen! Da schlummerte doch Zündstoff für eine heiße Diskussion! Wieso waren denn alle diese Leute herbeigeströmt, wenn sie jetzt nicht fragten? Das war doch die Gelegenheit! Sonst hätten sie das Zeug doch auch zu Hause lesen können!

Auch dem Veranstalter scheint die Situation peinlich zu sein. Er fühlt sich beiden gegenüber verantwortlich: Er hatte dem Publikum einen spannenden Vortrag versprochen und dem Vortragenden ein aufgeschlossenes Publikum. Was nun? Er sitzt in der ersten Reihe. Jetzt dreht er den steifen Hals etwas zur Seite und ruft, während er dem Vortragenden einen Blick zuwirft, diffus in den Raum: »Fragen Sie nur, nachher ist der Herr Professor weg!« – »Ich bitte Sie, lassen Sie doch den Professor weg«, sagt der Vortragende süßlich, der übrigens tatsächlich kein Professor ist.

Hat diese Bemerkung das Eis gebrochen? Der Kranzbart hat sich nun doch entschlossen. Er stößt seine offenbar lange zurückgehaltene Frage hektisch hervor. Keiner versteht ihren Sinn, aber der Redner nickt schon bei den ersten konfusen Sätzen, die dem krausen Hirn entsteigen. Und während wir uns nun diskret und leise davonstehlen, an angezogenen Knien vorbei gebeugt durch die Reihen zum Ausgang steuern, hören wir, ehe wir die Tür von außen sanft ins Schloß ziehen, wie der Bestreiter des Abends, dieser Kommunikationswissenschaftler oder Soziologe oder Schriftsteller, seine Antwort, scheinbar völlig beeindruckt, mit der Bemerkung einleitet: »Zunächst einmal muß ich sagen, dies ist eine sehr kluge Frage!«

Auch ich bin früher einer dieser Frager gewesen. Alles in mir hatte sich dagegen gesträubt. Feucht wurde mein Rücken, und mein Herz schlug schnell. Es war mir widerlich, die Stimme zu erheben. Aber ich hörte nicht auf meinen Instinkt. Denn Fragenstellen gilt als intelligent. Wer keine Fragen hat, der ist ein Dummkopf, der läßt sich alles bieten, der bohrt nicht in den Schwachstellen herum, aus denen die Referate der Quatschköpfe und die Verse der Dichter zum großen Teil bestehen. Die Frage deckt auf, klärt auf und kostet angeblich nichts. Versteht man sich als denkendes Wesen, dann befindet man sich in ständigem Fragezwang.

Das alles ist natürlich nicht wahr. Das hat man uns aufgeschwatzt. Fragen muß man anderswo: Ob man das Buch mit den angestoßenen Ecken nicht billiger bekäme und ob der Autofahrer, der einen freundlicherweise mitgenommen hat, nicht langsamer fahren könne. Das schon. Und jeden Vorgesetzten sollte man mindestens wöchentlich einmal fragen, ob er noch alle Tassen im Schrank hat. Nur mit unqualifizierten Fragen bringt man die Leute noch zur Raison. Auch muß man sich dauernd selbst fragen, was das alles überhaupt soll. Das auch. Aber Fragen zu stellen, wenn man dazu aufgefordert wird, das ist nur eine verdeckte Form von Gehorsam. Nur die Gehorsamen fragen, wenn die Stunde der Frage gekommen ist. Deswegen werden sie auch gelobt. Egal, wie dumm ihre Frage ist, immer wird sie als klug bezeichnet.

Wer zur Frage aufruft, gibt sich den Anschein, nichts zu verbergen. Man liebt die Fragen, denn sie geben Gelegenheit zu brillanten Antworten. Antwortend zeigt man, wie schlagfertig, wie charmant, wie hieb- und stichfest man ist. Antwortend profiliert man sich, wie sich auch der Frager mit seiner Aufgewecktheit profiliert. Auch er hört sich gern reden, er genießt es, wie er all denen imponiert, denen die Wortmeldung im rechten Arm zuckt, die sich aber nicht trauen.

Wie recht haben sie, daß sie das abgekartete Spiel der gegenseitigen Selbstbestätigung nicht unterstützen. Es darf gelacht werden. Es darf gefragt werden. Immer darf irgend etwas gemacht werden. Zu gütig. Fragestunde im Bundestag, der Vorstand stellt sich den Fragen des Betriebsrats, der Pressesprecher den Fragen der Journalisten. Alles ganz offen. Alles Geseier, Augenwischerei, alles für die Katz. Alles Kosmetik der Demokratie. Nichts kommt dabei heraus.

Anstatt nach irgendwelchen durchaus fragwürdigen Ausführungen einer durchaus fragwürdigen Person mit scheinbar klugen Fragen zu deren Profilierung beizutragen, sollte man lieber mit einem Zwischenruf in die Rede hineinfahren. Im richtigen Augenblick »Arschloch« zu rufen ist wirkungsvoller und intelligenter und auch bewegender als die anschließende unergiebige und eitle Fragerei. Selbst die noch so scharfen Fragen nach harten Zahlen erweisen sich als sinnlos, denn auch die harten Zahlen der Rüstungsmilliarden und der Arbeitslosen lassen sich von einem geübten Redner interpretieren, pflaumenweich wie ein Gedicht.

Entscheidend ist nicht, was solche Leute antworten, sondern was ein kritischer Mensch über sie denkt. Der Journalismus ist deshalb so verkommen, weil die Antworten irgendwelcher Prominenter stolz als Exklusivinterview abgedruckt werden; denn der Reporter hat weder das Herz noch den Kopf, um zu schreiben: »Vor mir stand ein Idiot, was er auf meine Fragen sagte, ist nicht der Rede wert.«

Selten hat eine Frage Sinn und Witz wie jene, die eine wache 80jährige Dame (eine sehr schöne) nach einer Autorenlesung einem jungen Dichter zurief, der über die Wonnen der Polygamie zwei Stunden lang Poetisches zum besten gegeben hatte: »Wann waren Sie zum letzten Mal mit einer Frau im Bett?«

◆◆◆◆◆◆◆

◆◆◆◆◆◆◆◆◆◆◆◆◆◆◆ WARUM ◆◆◆◆◆◆◆◆◆◆◆◆◆◆◆ ICH MICH TROTZDEM NICHT SCHEIDEN LASSEN WILL

Wenn die beiden damals wenigstens still und ohne Gedöns geheiratet hätten, aus irgendwelchen steuerlichen Gründen, um diesem Staat, der ein bißchen besser sein mag als manche andere, aber noch lange nicht gut genug, weniger Geld in den verkommenen Rachen zu werfen!

Aber nein, es hatte trotz meines rechtzeitig geäußerten Hohns kirchlich sein müssen, mit weiß aufgetakelter Braut, töricht beschlipstem Bräutigam, mit lustigen Hochzeitsbräuchen, gemietetem Drehorgelspieler, Entführung der Braut, haha, verliebten Pfirsichblicken, ständig fotografierenden Verwandten – und großer Illusion. Nur auf das blumengeschmückte Auto hatte man verzichtet.

»Ja« hatten die beiden vor Altar und Standesbeamtenpodest ehrfürchtig gehaucht, und nun, nach vier Jahren, stellen die Anwälte, die großen Kenner der Psyche, »zerrüttete Ehe« fest. Das kommt von der Ehrfurcht! Das Sichscheidenlassen greift um sich. In den letzten 20 Jahren hat sich die Zahl der jährlichen Scheidungen in einem Ländchen wie der Bundesrepublik verdoppelt. Alte Freunde, kaum hat man sie ein paar Jahre nicht gesehen, überraschen einen mit neuen Frauen, die fast immer so aussehen wie die Vorgängerinnen – nur nicht ganz so gut. Auf keine Ehe ist mehr Verlaß.

Dabei ist die einstmals lautstarke Mißbilligung der Scheidung fast vollständig zurückgegangen; kein Mensch hat mehr etwas gegen Geschiedene. Die Scheidung ist ein Akt der Emanzipation geworden.

Scheiden tut zwar weh, gilt aber als offene und ehrliche Lösung. Verständnisvolle Kinder vergeben bereits ihren tränenüberströmt sich verlassenden Eltern beim Abschiedsessen im McDonald's Restaurant. Alles frisch!

Therapeuten nicken gemeinsam mit aufgeklärten Pfarrern und sagen: lieber ein sauberer Schlußstrich als lebenslange Quälerei. Die bigamistischen Komplikationen im Jenseits scheinen kein Problem mehr zu sein.

Doch als wäre der Teufel in mich gefahren, bin ich heute in der Laune, die Institution der Ehe zu verteidigen, diese Brutstätte nationaler und klerikaler Interessen, diesen Garant des militärischen Nachwuchses, diesen kümmerlichen Hort der Hoffnung für künftige Rentner, diesen alltäglich schwelenden Krisenherd. Und so blase ich kurz ins Horn der strammsten aller strammen Sittenwächter, der vernageltsten aller Konservativen, der päpstlichsten aller Päpste und behaupte: Und komme es noch dicker, und flögen noch mehr Teller – ich stehe zu meinem undurchsichtigen »Ja«, das ich einst mit schiefem Mund und einem Höchstmaß an Unfeierlichkeit dem Standesbeamten zurief. Ich lasse mich nicht scheiden!

Nichts, gar nichts sollte man mit sich machen *lassen*. Das Heiraten ist wenigstens sprachlich noch ein Vorgang, den man selbst in die Hand nehmen und auf zusammengeklappten Büttenkarten verbreiten kann: »Wir haben geheiratet«. Die Wendung »Wir haben uns geschieden« erlaubt die Sprache nicht. Die Geister mögen sich geschieden haben, die Scheidung muß man vollziehen *lassen*. Aus der Falle der Ehe, in die man mit saftigen Ködern gelockt worden war, kann man absurderweise nur durch die amtliche Schere befreit werden. Dieser Eingriff ist mir zuwider. Auch hat mich die Entscheidung zu heiraten so viel Kraft gekostet, daß für eine Scheidung gar nichts mehr übrig wäre.

Mit dem Wunsch nach Scheidung beweist man in jedem Fall seine miserable Selbst- und Menschenkenntnis, seine Ungeduld, seinen naiven Glauben ans Glück und auch seine Unbildung: Es gibt doch wahrhaftig genügend Romane,

Filme, Theaterstücke, für jeden Geschmack und für jedes Niveau, wo die peinlichen Folgen der Ehe in allen Details grausam ausgebreitet werden; ja, es gibt überhaupt weder einen Groschenroman noch ein vernünftiges Buch, wo nicht die Ehe als Knotenpunkt aller Verwicklungen, aller Lügen, Bezichtigungen, Verheimlichungen dargestellt wird, als Zentrum von Betrug, Eifersucht, Erpressung und Liebesschwund und Sehnsucht nach draußen.

Nichts wäre die Weltliteratur ohne den Ehebruch. Die Ehe erscheint überdeutlich als Konvention, ohne die es nicht geht und mit der es nicht geht. Ob man Flaubert, Fontane, Tolstoi oder Loreromane gelesen, ob man Strindbergstücke oder miese Fernsehproduktionen gesehen hat: Im heiratsfähigen Alter sollte man wissen, was einen erwartet: nichts als Anfechtungen schlimmster Art. Von außerhalb des Ehekäfigs winken dem schon bald schielenden Paar die schöneren Beine, die wildere Liebe, die tolleren Männer und Frauen, die mehr Zeit, mehr Geld, mehr Haare und bessere Jobs haben. Doch man muß schon mit dem Traumfrau-Fetischismus amerikanischer Filmstars geschlagen sein, um die Verlockungen ernst zu nehmen und immer wieder, vier-, fünf-, sechs-, siebenmal neue Ehen zu versuchen; das Ganze wird dann auch noch als höhere Lebens- und Liebeskunst ausgegeben.

Das Tragische ist, daß die wirklich furchtbaren Ehen, die wirklich geschieden werden müßten, aus Mangel an Geld, Worten und Bewußtsein ihrem dumpfen Höllenkreis nicht entkommen, während die emanzipierten Mimosen beim ersten Furz des Partners und die Fitness-Hamster beim ersten Fältchen der Gattin zum Scheidungsanwalt laufen, weil sie sich in ihrer freien Entfaltung behindert fühlen.

»Niemals auseinandergehn, immer beieinanderstehn«, wie Heidi Brühl einst so unnachahmlich sang, ist ein Schwur, der weniger verlogen ist als das flotte Ex-und-hopp der Wegwerf-Ehen. Die Fesseln der Ehe haben zweifellos etwas Perverses, und doch ist das nicht so abscheulich wie dieses bindungslose Einverständnis, mit dem sich heute die Partner trollen, wenn es mühsam wird. Die Leute halten nichts mehr aus. – Da ist mir der tägliche Zank lieber als das kalte Pathos des Schlußmachens. Schlußmachen – was für ein Wort! Es reicht mir, daß wir mal sterben müssen, das muß doch nicht schon vorher geübt werden. Schon das Trennen der Bibliothek würde mich wahnsinnig machen.

Der Traum von einem unbefleckten Neubeginn gehört in die Vorstellungswelt von Leuten mit Waschzwang und Putztick. Die große Selbsterfahrung mache ich nicht in einer Freiheit außerhalb der Ehe, eine Freiheit, die es gar nicht gibt. Erst in der Ehe, wo man sich unentwegt auf die Nerven fällt und sich seine Fehler ständig unter die Nase hält, erst in dieser Kumpanei aus Verwünschungen, Liebessehnsüchten, Ausbruchsversuchen, Verzweiflungen, Ermüdungen, ewigen Vorsätzen, Versäumnisgefühlen, Versöhnungen und gelegentlichen Leidenschaftsanfällen lernt man sich richtig kennen: daß man nämlich nichts anderes ist als ein nörgelndes, bequemlichkeitsliebendes, unleidliches, egoistisches, veränderungsunwilliges, liebeshungriges, fluchtlüsternes, heimkehrwilliges wandelndes Klischee.

◆◆◆◆◆◆◆

◆◆◆◆◆◆◆◆◆◆◆◆◆◆◆ WARUM ◆◆◆◆◆◆◆◆◆◆◆◆◆◆◆ ICH TROTZDEM NICHTS VON MYTHEN WISSEN WILL

Kaum ein Wort, das sich in den letzten Jahren penetranter vermehrt hat als das Wort *Mythos.* Mittlerweile kommt es fast nur noch in der Mehrzahl vor: die Mythen sind es, die unser Leben bestimmen. Keiner weiß ganz genau, was das ist. Da es etwas Altes zu sein scheint, spricht man gern von der *Rückkehr der Mythen*, vor allem im Feuilleton. Dort treiben es die Mythen am schlimmsten.

In jedem Buch werden mythische Muster entdeckt, gegebenenfalls Trivialmythen; Theateraufführungen sind vollgestopft mit Mythen; Ausstellungen haben das Wort Mythos am besten gleich in ihrem Titel, weil das Besucher nämlich geradezu mythisch anlockt. Während die alte Kunst die Mythen spiegelt, indem sie irgendeine schlüpfrige Zeus-Episode abbildet, hat es die moderne Kunst weiter gebracht: ob Beuys oder das Gekrakel der Wilden: das ist weder dumm noch schlau, weder häßlich noch schön – es sind Mythen, basta, archaisch und verrätselt wie das Leben; mehr kann man von der Kunst wirklich nicht verlangen.

An diesem delikaten Beispiel zeigt sich schneller als erhofft, warum die Mythen so hoch im Kurs stehen: wann immer man etwas nicht erklären kann, erklärt man es zum Mythos. Und schon steht es da, ragend und bedeutsam und mit dem Verstand einfach nicht mehr zu fassen. Indem man etwas zum Mythos erklärt, erweist man sich als aufgeschlossener und gebildeter, moderner und gleichwohl traditionsbewußter Kenner. Mit nichts kann man die eigene Blödigkeit besser kaschieren. Stellt man erst fest, daß ein Ding mythisch ist, erweckt man den Anschein, es tief durchdrungen zu haben.

Eine wunderbare Formel, die jetzt in allen Bereichen verwendet wird. Flick und Krupp mit ihren Imperien und ihrem Vermögen sind längst Mythen. Aber nicht nur durch dauerhaftes Wachstum und schließlichen Verfall wird man zum Mythos, sondern auch, indem man blitzschnell aus dem Nichts aufsteigt wie Nena oder Boris Becker. Indem solche Gestalten zu Mythen oder auch nur Eintags-Mythen hochgehoben werden, bekommt gleich alles eine andere Dimension. Eben waren sie noch simple Stars und allenfalls Idole, und wer ihnen huldigte, war irgendwie ein kindischer Fan. Das hatte etwas Stupides.

Ist aber ein Spitzensportler erst ein Mythos, dann wird aus dem Match eine mythische Handlung, und die entschuldigt die hysterische Begeisterung der Zuschauer. Indem man die Dinge zu Mythen erklärt, gibt man ihnen die höheren Weihen und vernebelt sie zugleich. Der ekelhafteste Taumel, ob auf dem Sport- oder dem Kriegsschauplatz, bekommt damit eine archaisch-schicksalhafte Note. Schießen, Schlagen, Töten, Abschlachten sind nicht mehr nur Schweinerei und Verbrechen, sondern sind Zeichen einer uralten mythischen Struktur.

Der Mythos weiht den Unsinn und die Bestialität. Grausamkeit und Aggression – alles Mythen. Mythen schaffen mildernde Umstände. Sollte die Mythenmode in juristische Bereiche vordringen, wird bald der erste Vatermörder wegen mythischen Verhaltens freigesprochen.

Es sollte zu denken geben, daß die kleinköpfigen Nazis üble Mythengräber waren, die Rassereinheit, Blut und Boden und schließlich das ganze 20. Jahrhundert zum Mythos machten. Diese Erinnerung hindert die Ethnologen nicht, in alle Ecken der Welt zu reisen und mit dem andächtigen Gesichtsausdruck der Zivilisierten sogenannte Mythenarbeit zu verrichten, das heißt zu untersuchen, wie die schönen Wilden ihre Feinde quälen und was sie mit deren Leichenteilen machen.

Die absurden Quälereien, die sich die durchaus unedlen Wilden ausgedacht haben, erhalten so höhere kulturgeschichtliche Bedeutung. Und es ist abzusehen, daß demnächst ein geblendeter Historiker auf die Idee kommen wird, vom »Mythos des Dritten Reiches« zu sprechen und zu schreiben und womöglich sogar vom »Mythos der SS«. Das wäre schlimmer noch als jede »Auschwitz-Lüge«; denn mythisiert man die historischen Greueltaten, dann leugnet man sie nicht, sondern man macht aus ihnen einen harmlosen Gegenstand der Kulturgeschichte, wie eine berühmte vielstündige Theateraufführung.

Aber als Mythos gilt heute nicht mehr nur das Urige, sondern alles, was Mode ist und fasziniert. Selbst Automarken sind Mythen. Porsche, Mercedes, Cadillac – alles Mythen. Die Vereinigten Staaten, weil ihre Größe den demütigen Europäer fasziniert, sind ebenfalls ein Mythos; anders ließe sich diese Weite dort drüben gar nicht erklären. Das gute alte Rußland hat es noch nicht zum Mythos gebracht, ganz einfach weil es als Reiseland nicht so populär ist; es bleibt mystisch wie eh und je. Ein Land wird erst zum Mythos, wenn täglich Dutzende von Flugzeugen mit enthusiastischen Touristen dort landen und Devisen bringen.

Alles ist Mythos, es ist zum Krankwerden. Und Krankheit selbst ist natürlich auch ein Mythos. Eine Metapher ist Krankheit neuerdings auch, aber das können wir hier weglassen, das verwirrt nur. Und es ist ja gerade das Praktische am Mythos, daß dieser Begriff ein Beutel ist, in dem all die Symbole, Metaphern, Märchen und Legenden nebst Träumen und Magie bequem Platz haben. Geburt und Tod sind natürlich die großen Eck-Mythen, weil völlig unerklärlich. Dazwischen die Frau, aus der auch ein Mythenmensch nicht schlau wird. Sie ist Mythos in jeder Form: als Heilige, als Hure, und wenn sie diesen Bildern zu entrinnen sucht, erfüllt sie den Mythos der emanzipierten Frau.

Was kreucht und fleucht, ist ein Mythos, doch auch die stampfende Maschine, die eine Art Sub-Mythos des Fortschrittsmythos ist. Jede Mode, jede Strömung wird einszweidrei zum Mythos erklärt. Und wer sich konsequent unmodisch benimmt, um nicht mit diesem Brei der Mythenmacher in Berührung zu kommen, verhält sich gleich dreifach mythisch: Individualismus, Konsequenz und Berührungsangst sind mittlerweile alles Mythen.

Allein den Schlagzeilen von drei sogenannten seriösen überregionalen Zeitungen entnehme ich im Verlauf von 14 Tagen 27 Mal das Wort »Mythos«, wobei die Wendung sich auffallend breitmacht, dieser und jener sei schon zu Lebzeiten ein Mythos. Die Heroen der Popkultur und der Nostalgie-Industrie sind laut Überschriftenerfinder zum großen Teil Mythen. Die Beatles, die Rolling Stones, Elvis Presley sind längst Mythen, Humphrey Bogart ist natürlich ein Mythos, Marlene Dietrich, Greta Garbo, und sogar Fellini wird die Ehre zuteil, ein Mythos zu sein. Ein früher Tod macht einen ebenso zu einem Mythos wie ein langes Leben. Horowitz ist ein Mythos und die Callas. Menuhin ist kein Mythos; es ist anzunehmen, daß er dafür zu natürlich ist. Ein Mythos ist aber immer etwas Künstliches. Zum Beispiel Coca-Cola – auch das ein Mythos. Der Nobelpreis trägt nach meinen Untersuchungen nicht zur Mythenbildung bei, wohl aber Geburtstage. Ab dem 70. hat man als Künstler gute Chancen, von der Presse zum Mythos gemacht zu werden. Die Überschriften lauten dann immer einheitlich: Ein Mythos wird 70, ein Mythos wird 80, ein Mythos wird 90. Ab einem gewissen Alter hat man nur noch die Wahl, als »Unbequemer« Geburtstag zu feiern, als »streitbarer Humanist« oder eben als Mythos. – Sportler können schon ab 18 zum Mythos werden; und selbst harmlose Sportgeräte wie Skier schaffen den Sprung in die Halbwelt des unerklärlichen Raunens: »Zwei Bretter – ein Mythos«, lese ich. – Der Mythos macht auch vor dem Wirtschaftsteil nicht halt: Wirtschaftswachstum und Vollbeschäftigung gelten als Mythen. Das Gegenteil von einem Mythos scheint ein »Gespenst« zu sein; als ein solches gilt nämlich die sehr reale Arbeitslosigkeit, die mit dieser Benennung auch etwas Unwirkliches bekommen soll; poplig wie sie ist, steht ihr das kulturelle Zauberwort der Zeit natürlich nicht zu. Das Proletariat hingegen, offenbar ein Zeichen seiner Reife, hat es zum Mythos gebracht; auch das Fließband, auf dem eine Menge jener »Mythen des Alltags« produziert werden, die Roland Barthes in seiner gleichnamigen Schrift einst beschwor, womit er sich übrigens als Vorreiter der Allround-Mythisierung mitschuldig machte.

Das inflationäre Mythengefasel hat dazu geführt, daß sich kritische Stimmen erheben, die der Vernunft neben dem Mythos wieder einen Platz zurückerobern wollen. »Nur eine Kritik, die den Mythos ernst nimmt, vermag den Begriff des Mythos für die Sinnkrise unserer Gesellschaft fruchtbar zu machen«, lautet treuherzig der Kernsatz in einem die Mythen analysierenden Schlaubuch, dessen Autor hier natürlich dem Fruchtbarkeitsmythos zum Opfer gefallen ist. – Man darf die Mythen nicht ernst nehmen. Dann blähen sie sich noch mehr auf. Nur Spott läßt sie schrumpfen.

Wer über die neuen Mythen lächelt, der kann doch meist den alten Mythen der Griechen etwas abgewinnen. Die aber waren auch nicht besser. Apoll und Dionysos, Narziß und Ödipus und dieser schreckliche Sisyphos – das waren doch alles jammervolle Tölpel, den sonnenstichigen Köpfen boshafter Schafhirten entsprungen. Das Abendland aber ist ein einziges Gymnasium voller gläubiger Streber, und so wurden diese konfusen Legenden zur Grundlage des abendländischen Denkens und der Psychoanalyse. Wenn die windigsten Klischees ergriffen als verwunschene Mythen gehandelt werden, kann aus dem Laden nichts werden.

◆◆◆◆◆◆◆

◆◆◆◆◆◆◆◆◆◆◆◆◆◆ WARUM ◆◆◆◆◆◆◆◆◆◆◆◆◆◆ ICH MEINE VERGANGENHEIT TROTZDEM BEWÄLTIGE

Nichts gegen Trauerarbeit und Vergangenheitsbewältigung, bei Gott nicht. Wer die deutsche Bestie nicht wahrhaben will, jenen widerlichsten Typus des Zweibeiners, den die menschliche Gattung bisher hervorgebracht hat, jenes infame Volk von größenwahnsinnigen Sadisten, massenhaften Mitmachern, Mitläufern und Augenzudrückern, der ist blind und unbelehrbar.

Wer sich aber über die gigantischen Verbrechen im klaren ist, die noch vor wenigen Jahrzehnten von der Etsch bis zum Belt und von der Maas bis zur Memel ausgedacht und geduldet wurden, der muß irgendwie mit dieser Last fertigwerden, gegen die ein Ding wie die katholische Erbsünde ein wahrhaft lächerliches Märchen ist.

Fertigwerden? Hier ist schon der Punkt: fertigwerden will man, darf man aber nicht. Weil die Schuld so übergroß ist, glaubt man sie nicht abhaken zu können wie einen Ladendiebstahl. Zu Recht.

Unsere Väter, die Nazis, diese Ausgeburten, haben unsere ganze psychische Struktur durcheinandergebracht. Wir müssen nicht nur mit ihrer unsäglichen Existenz fertigwerden, sondern auch damit, daß wir nicht damit fertigwerden dürfen.

Daher gibt es, wie es manische Arbeiter gibt, auch manische Trauerarbeiter. Je mehr Leute die Sünden ihrer Väter vergessen, desto mehr knien sie sich bewältigend in die Vergangenheit. Sie kommen einfach nicht los von den gottverdammten Nazis. Sie lesen jedes neue Buch über den Reichstagsbrand und sämtliche KZ-Berichte. Tausende von Seiten.

Was wollen sie denn noch rauskriegen? Das Wesentliche, daß furchtbare Schweine am Werk waren, vergißt der Historiker nämlich rasch, sobald er in einem Archiv ein bisher unbekanntes Telegramm von Goebbels an Himmler entdeckt.

Die Aufarbeiter haben natürlich die Moral und die gesamte Psychoanalyse hinter sich, denn sie verdrängen ja nicht das Entsetzliche, sondern setzen sich unentwegt damit auseinander. Wenn es Künstler sind, dann machen sie mit jedem ihrer Bücher, Bilder, Theaterstücke und Inszenierungen die Problematik der Nazivergangenheit gegenwärtig. Sie sind vorbildlich. Bei der weitverbreiteten Unfähigkeit zu trauern ist das ein Lichtblick. Daher will ich mich hüten, etwas gegen die emsigen Aufarbeiter der Vergangenheit vorzubringen, merke nur kleinlaut an, daß ich mir gegenüber ihrem Trauerfleiß manchmal vorkomme wie ein Luftikus, ein Faulpelz, ein Schuldschwänzer.

Die Fragen: Wer war Nazi? Wer hat in welcher Form mitgemacht? Wer war Parteimitglied? sind immer noch von größter Wichtigkeit, und wehe dem, der Pardon gibt. Wir müssen uns aber darauf vorbereiten, daß die alten Nazis aussterben. Wer ausschließlich Trauerarbeit verrichtet und Vergangenheit aufarbeitet, der wird irgendwann arbeitslos.

Gelegentlich kommt es mir vor, als werde zuviel des Guten getan. Um zu verstehen, wieso ein ganzes Volk sich von den Nazis faszinieren ließ, geraten manche Nachgeborenen selbst in eine eigenartige Faszination. Weil es so unverständlich ist, wie das alles geschehen konnte, wühlt man sich hinein in das Denken von Scheusalen, so lange, bis man es versteht. Das hat manchmal etwas Obszönes. Man pilgert wie besessen und völlig wahllos zu den Kulturstätten, wo Vergangenheitsbewältigung stattfindet. Egal ob stundenlange schillernde Hitlerfilme, SS-Revuen oder erschütternde Dokumentationen mit Aussagen von Gequälten und von Massenmördern – alles wird gleichermaßen gierig und erschauernd aufgesogen, als könne man sich damit reinigen.

Mir ist hierbei unwohl. Findet so eine Schuldbefreiung statt, oder starrt man nur mit fassungsloser Aufregung auf die Bilder des Grauens, ähnlich wie die Halbalphabeten in den USA mit lüsterner Empörung auf die sadomasochistischen Nazi-Comics starren?

Ich will mich nicht fortwährend damit beschäftigen, was sich irgendeiner wieder über die ekelhaften Nazis ausgedacht hat. Angesichts der größten Katastrophe der Geschichte wäre doch eher eine ernste und behutsame Haltung angebracht. Das Affentheater mit den angeblich aufgefundenen Hitlertagebüchern war nicht deswegen so peinlich, weil ein paar Redakteure einer plumpen Fälschung aufgesessen waren, sondern weil massenhaft ein schnatterndes Interesse an Hitler und dem sogenannten Dritten Reich zutage trat, das blanke Gegenteil von Bewältigung, nämlich geilste Sensationsgier.

Nur selten und mit großem Widerwillen befasse ich mich mit der Nazivergangenheit. Doch halte ich diese Scheu für normal und angemessen – und nicht für Trauerflucht. Denn es ist doch auch nur in kleinen Dosen auszuhalten, was damals geschah. Da sollte eine kurze Impfung ein für allemal immun machen. Wer sich immer wieder aufs neue die Bilder des Entsetzens vor Augen halten muß, um sein Abwehrsystem zu stärken, der hat zumindest einen Mangel an Phantasie.

Ich hatte das Glück oder das Pech, im zarten Pubertätsalter einen Film zu sehen, der *Mein Kampf* hieß und der das zeigte, was 15 Jahre vorher in Deutschland passiert war. Man sah einen Mann, der offenbar übergeschnappt war. Er schrie und rülpste in der Gegend herum – für sich ein ganz komischer Anblick; weniger komisch allerdings ein Menschenmeer, das angesichts dieses Hampelmanns ins Wogen und Tosen geriet.

Ein widerlicher Anblick. Später sah man dann die allerfürchterlichsten Bilder: die Skelette der Juden in den Konzentrationslagern, einige unbegreiflicherweise noch lebendig, später alle dann tot, bergeweise.

Diese Bilder haben mir genügt. Ich weiß Bescheid. Ich habe keine Lust mehr, mir die Nazizeit nun auch noch als bunten Spielfilm anzusehen und mich womöglich dabei zu unterhalten. Ich mag auch keine Hitlerbiographien lesen. Mir nützen die Theorien der Historiker nicht, wer wann wo wem welchen Steigbügel hinhielt.

Von Weimarer Zuständen plappert heute jeder, wie es ihm paßt. Jeder warnt und wappnet sich und malt was an die Wand, als käme ein neues Unheil wieder in derselben Gestalt daher. Dabei können es diesmal nicht nur die ohnehin verdächtigen Chemie- und Physikmafiosi sein, die uns das Genick brechen, die vollbärtigen Computerleute oder die in die Politik drängenden Schauspieler; vielleicht sind es die smarten Banker mit ihrer Kredit- und Zinspolitik oder die freundlichen dicken EG-Funktionäre mit ihren Subventionen, die den nächsten großen Jammer schon längst vorbereiten, während die Historiker noch immer geradezu feinschmeckerische Diskussionen darüber abhalten, ob diese oder jene Tendenz gestern oder heute als nationalsozialistisch, als faschistisch oder besser als faschistoid zu bezeichnen sei. Solche pseudowissenschaftliche Besserwisserei angesichts eines Sechsmillionen-Mordes ist nur noch zynisch und lenkt obendrein von den Bestialitäten der Gegenwart ab.

Wiedergutmachen kann man nichts mehr. Man kann nur noch lernen, daß so etwas nie wieder passiert. Ich habe aus den Bildern der Nazizeit gelernt, den Politikern kein Wort zu glauben. Ich mißtraue jeder Rhetorik, allen Versprechungen und allen Menschenaufläufen, auch wenn es nur am Fußballplatz ist. Warum sollte man nach Auschwitz keine Gedichte mehr schreiben können!? Schlimm ist, daß es nach Auschwitz und Hitler noch immer brüllende und jubelnde Menschenmassen gibt. Alles verdächtig. Zuwider ist mir jede Fahne, jede Uniform, und Lieder singende Männerkehlen sind mir ein Graus. Sogar das tosende Meer ist mir zuwider; ich weiß nicht, ob aus einem natürlichen Instinkt oder weil es mich an die Menschenmassen auf dem Reichsparteitag erinnert.

Zuwider sind mir Menschen, die immerfort ebenso beiläufig wie nachdrücklich feststellen, daß der oder jener Jude sei, obwohl das im Zusammenhang ganz unwesentlich ist; und wenn man sie darauf anspricht, dann sagen sie trotzig: Wieso, das werde man doch noch sagen dürfen, wenn einer Katholik oder Russe sei, dürfe man das doch auch sagen.

Ekel vor allen Zeichen der Macht, Skepsis vor Begriffen wie Heimat und Nation und vor allem Widerstand gegen alles, was politische Führerrollen anstrebt – das kann man aus der Nazizeit lernen. Immerhin.

Eine Zeitlang geisterte der Ausspruch eines wegen seiner Unflätigkeit bekannt gewordenen Bundeskanzlers herum, der im Zusammenhang mit der Nazivergangenheit von der »Gnade der späten Geburt« gesprochen hatte – eine Bemerkung, die von der halbwegs aufmerksamen Öffentlichkeit auch gleich als dumm und taktlos kritisiert wurde, was allerdings eine einseitige Kritik ist. Denn nur wie alles andere, was dieser Mensch von sich gegeben hatte, war auch dieser Satz eine Unverschämtheit. An sich aber ist die Bemerkung gar nicht schlecht. Nur der Mund war falsch, aus dem sie kam.

Natürlich sind wir alle heilfroh, die wir nach dieser abscheulichen Zeit geboren wurden. Die Gnade besteht allerdings nicht darin, uns jetzt selbstzufrieden in der entnazifizierten Gegenwart räkeln zu können, sondern darin, endgültig über die Gefährlichkeit und die potentielle Verkommenheit von politischen Führern Bescheid zu wissen.

Ist das alles, was wir lernen können? Das wäre ein bißchen wenig, das sieht man schon mit bloßem Auge. Ich habe auch keine Lust, meine ernsthaften Überlegungen mit der Kritik an einem lächerlichen Bundeskanzler abzuschließen, einem Trampeltier, das wir jetzt schleunigst vergessen sollten und das eine intelligente Zurechtweisung garnicht verdient hat, sondern nur noch einen abschließenden Tritt und das große Vergessen.

Auch ist es mir zu dürftig, die Sache mit den Nazis allein als kollektive Schuld einer geifernden Nation zu begreifen. Daher schwinge ich mich eine Etage höher und schreite zähneknirschend und ausnahmsweise zu meiner ganz persönlichen Vergangenheitsbewältigung. Das muß auch mal sein, meine Damen und Herren, ich kann mich nicht immerfort nur raushalten.

Die Schuld der schlimmen Väter will ich nicht zu der meinen machen. Wo aber sind die Flecken auf meiner eigenen Weste, aus denen ich lernen könnte?

Ich kann versuchen, mir vorzustellen, wie ich und andere Nachgeborene reagiert hätten, wenn wir zehn, zwanzig, dreißig Jahre früher auf die Welt gekommen wären. Eine quälende Vorstellung, die zur gelegentlichen Überprüfung nützlich ist, wenn wir uns gar zu unanfechtbar vorkommen. Hätte ich den Mumm zum Widerstand oder zum freiwilligen Verlassen des Landes gehabt? Aber irgendwie hat diese Vorstellung in ihrer Fiktivität etwas Spielerisches, das geradezu unangemessen ist.

Mehr Effekt bringt die Auseinandersetzung mit den netten Nazi-Vätern. Denn das Fatale sind ja nicht die schneidigen Vollblut-Nazis, die ohne Beileid zur Hölle fahren sollen, sondern die sanften, gebildeten, freundlichen, Mozart und durchaus auch Mendelssohn spielenden, Goethe, Schiller und durchaus auch Heine lesenden Nazi-Papis. Die machen ihren Nachkommen zu schaffen.

Mein persönliches Schicksal hat mich mit einem solchen Erzeuger verschont, mit dem ich mich jetzt abplagen müßte. Dafür habe ich etwas noch Obskureres aufzuweisen: gleich zwei Väter nämlich mit Dreck am Stecken. Und das Schlimmste: ich habe sie mir selbst ausgesucht. Es handelt sich natürlich nicht um körperliche, sondern um sogenannte geistige Väter: um zwei Autoren. (Ich kann das Wort »geistiger Vater« nicht ausstehen und gebrauche es gewissermaßen mir selbst zum Tort; das paßt zum Thema.)

Es gibt genügend Auswahl unter den Schriftstellern. Warum habe ich mir nicht Brecht und den unbescholtenen Kafka als Leib- und Magenautoren ausgesucht, dann wäre meine Weste rein. Ich lese Brecht und Kafka auch gerne und mit Gewinn, sie sind so klärend; aber es sind keine Lieben. In vollen pubertären Zügen das Gesamtwerk aufgesogen habe ich von Benn und Hamsun, und das sind bekanntlich zwei Gestalten, die sich bei der Berührung mit dem Nationalsozialismus empfindlich danebenbenommen haben. Das schmerzt. Und es tröstet mich nur wenig, daß ich die Gesänge des Mussolini-Freundes Ezra Pound und die Romane dieser antisemitischen Keife namens Louis-Ferdinand Céline nicht mag. Aber ich will nicht ablenken von meinen Übeltätern. Gerade weil es heute nicht mehr nötig wäre, seine Vorliebe für reaktionäre Schriftsteller zu rechtfertigen, will ich es tun.

Es gäbe natürlich genügend Ausflüchte: ein tragischer Irrtum von Benn und Hamsun. Benn habe diesen Irrtum ja auch gleich erkannt, und Hamsun sei schon viel zu alt und verkalkt gewesen, um Hitlers wahres Gesicht noch zu erkennen. Benn habe in der Nazizeit bald Publikationsverbot gehabt, bitteschön, und der greise Hamsun habe bei seiner Begegnung mit Hitler auf dem Obersalzberg mit seinen störrischen Forderungen nach einer gerechteren Behandlung Norwegens immerhin einen Wutanfall und eine mehrtägige Verstimmung des Führers ausgelöst. Eigentlich und im Innersten seien

Benn und Hamsun also geradezu Widerstandskämpfer gewesen, wie!? Und habe nicht auch der linke Tucholsky Hamsun verehrt!? Und Walter Benjamin!? Und Bloch!? Im übrigen seien Werk und Leben zweierlei, und das dichterische Werk dieser beiden Autoren sei völlig frei von braunen Flecken.

Wer so argumentiert, will nichts begreifen. Ein EDV-Monster an seinem Bildschirm kann seine Arbeit vielleicht frei von seinen politischen Ansichten halten, nicht aber ein Schriftsteller. Wer schreibt, muß denken, und die Denkweise bestimmt sein Schreiben. Bei Benn und Hamsun wimmelt es daher auch von fragwürdigen Stellen. Nun könnte man sich auf den Standpunkt stellen, daß es noch genug andere, politisch saubere Stellen gebe, deretwegen man diese Autoren guten Gewissens mögen dürfe. Aber auch zu dieser Ausrede will ich nicht Zuflucht nehmen. Denn solche Entschuldigungen stehen bekanntlich einer echten Bewältigung im Weg, die zu betreiben ich mir nun einmal in den Kopf gesetzt habe.

Ist es womöglich so, daß ich Benn und Hamsun nicht trotz, sondern wegen ihrer verwerflichen Gesinnung liebe? Für diesen scheußlichen Verdacht spricht, daß ich zwei so verschiedene Autoren schätze, deren einzige äußere Gemeinsamkeit die Anfälligkeit für den Nationalsozialismus zu sein scheint. Dieser teuflischen Logik zufolge wäre auch ich womöglich der Ideologie der verhaßten Nazis aufgesessen?

Sie gähnen, meine Damen und Herren, Ihre Füße werden unruhig, wie ich bemerke. Und ich verstehe Sie. Das Thema ist alt, ich überschreite wieder einmal die Redezeit, und Sie werden sich fragen: Was gehen mich Benn und Hamsun an! Sie hören nur noch aus Anstand zu, wie ich nur aus Anstand jenen armen Leuten zuhöre, die sich noch immer die Haare raufen und sich fragen, warum ihr Vater einst ein gottverdammtes Parteimitglied war.

Ich will es daher so kurz wie möglich machen, 5 Minuten nur noch, dann werde ich Sie nie mehr damit behelligen: Der äußerlichen Nazigemeinsamkeit dieser beiden Autoren entspricht im Inneren der Nihilismus, von dem die Bücher der beiden Delinquenten reichlich durchtränkt sind. Das Dasein erscheint bei beiden als schlechter Witz. Das Leben ist für Hamsun »Betrug und kollossaler Humbug«, es wäre, wie Benn seufzt, »in der Pflanze gut untergebracht, warum es in Bewegung setzen und auf Nahrungssuche schicken.« Wer noch nicht die Hoffnung über Bord geworfen hat, gilt als einfältig: »Es schien etwas Ungesundes und Idiotisches über ihm zu sein... solche Hoffnungsfreudigkeit setzt einige Dummheit voraus, es bedarf eines gewissen Grades an Minderwertigkeit, um dauernd mit dem Leben zufrieden zu sein und sich noch dazu etwas Neues und Gutes zu erwarten«, schreibt Hamsun. – Diese Stellen sind es, die mich einst entzückten und denen ich mich noch immer nicht verschließen mag, obwohl der strenge Georg Lukács ein ganzes Buch über »Die Zerstörung der Vernunft« schrieb, wo alles, was irgendwie pessimistisch, skeptizistisch, nihilistisch am Leben herumnörgelt, angefangen bei Schopenhauer und Nietzsche, zerpflückt und derart einleuchtend als Wegbereiter des Faschismus gebrandmarkt wird, daß einem als Liebhaber der Lebensverneinung ganz angst und bange werden kann.

Dumm ist diese Argumentation nicht. Zwar habe ich mich lange dagegen gewehrt, daß der gute alte Nihilismus etwas mit politischer Reaktion und Faschismus zu tun haben soll, aber eine gewisse Verbindung ist nicht abzustreiten: denn wer das Leben verachtet, der hat kein so schlechtes Verhältnis zum Tod. Und der Totenkopf an der Tracht der SS-Verbrecher wie auch das Viva-la-muerte-Geschrei der Franco-Faschisten scheint den Gegnern des Nihilismus recht zu geben. Eine Sache, die so wertlos ist wie das Leben, kann dann auch mit zynischer Lust zerstört werden.

Gefährlich ist der Nihilismus zweifellos. Deutlich genug und vor allem sehr viel kürzer als Lukács hat Klaus Mann das

Problem benannt, als er sich 1933 mit Benns politischer Dickfelligkeit herumschlug; Klaus Mann schreibt: »Es scheint ja heute beinahe ein zwangsläufiges Gesetz, daß eine zu starke Sympathie mit dem Irrationalen zur politischen Reaktion führt, wenn man nicht höllisch genau achtgibt.«

Das ist der Punkt. Auf das Achtgeben kommt es an. Das sogenannte Irrationale darf nicht in falsche Hände geraten. Das aber ist unvermeidlich. Man kann nicht verhindern, daß sich Konservative am Nihilismus laben. Und sie tun es mit Vorliebe. Denn die finstere Ansicht von der Unverbesserlichkeit der Welt, die jedem konservativen Charakter zugrunde liegt, paart sich allzugern mit gut formulierter Lebensverneinung. Daher die Schopenhauer studierenden Gutsbesitzer in den 20er Jahren und später die Nietzsche lesenden Nazis. Und daher haben noch heute die säuerlichsten Katholiken mit Benn weniger Schwierigkeiten als die letzten paar Linken: die beharrliche Lebensverneinung des alten Gottverächters steht der christlich-konservativen Wirklichkeitsflucht kurioserweise näher als dem Weltverbesserungswillen der Linken, die den Nihilismus fürchten wie den Teufel.

Es geht mir darum, meine Damen und Herren, den Nihilismus vom nationalsozialistischen Makel zu befreien, um ihn wieder verwendbar zu machen, und zwar für den Fortschritt. Dies soll das Ergebnis meiner kleinen Vergangenheitsbewältigung sein. Wenn Benn und Hamsun auf die Nazis hereinfielen, spricht das nicht zwangsläufig gegen den Nihilismus, sondern zunächst einmal nur dafür, daß diese Autoren nicht in der Lage waren, höllisch genau achtzugeben.

Einige von Ihnen gehen bereits, meine Damen und Herren, ich weiß, daß ich heute nicht sehr unterhaltsam bin; aber wo alle Welt ungestraft herumtheoretisiert, werde ich mir das auch einmal leisten können, verflucht nochmal. Lassen Sie mich aber, um die Sache jetzt bald zum Abschluß zu bringen, zu einem Bild greifen; es ist etwas plump, aber deutlich, und es verkürzt somit meinen Vortrag: Der Nihilismus ist ein Gift. Wie auch der Alkohol ein Gift ist. Der Genuß von Alkohol kann zu üblen Verwüstungen und ekelhaftem Radau führen, und zuviel davon ist tödlich. Wohldosiert angewendet, spendet er aber Trost, sorgt für Erheiterung und erweist sich als rettende Medizin. Ohne ihn wäre alles von fader Erbaulichkeit.

Wir brauchen heute dringend einen intelligenten Nihilismus. Denn es ist sehr vernünftig, so oft wie möglich den Sinn des Lebens zu bestreiten. Der Nihilismus ist ein Bestandteil der Vernunft und keineswegs deren Zerstörer. Daher mag ich auch den Oberbegriff Irrationalismus nicht, auf den Lukács 750 Seiten lang eindrischt. Irrational ist etwas anderes. Irrational sind heute der Astrologenhokuspokus und das Wiedergeburtgeraune – Schwachsinnigkeiten, über die ich mich schon an anderer Stelle erfolglos lustig gemacht habe und die ich als Spielerei nur dann gelten lassen würde, wenn ihre Anhänger den Unsinn nicht ernst nähmen. Im übrigen sind dies mulmige Versuche, dem rätselhaften Dasein einen Sinn zu geben, während der klassische Nihilismus ja gerade aus der fadenscheinigen Erkenntnis seine erfrischende Kraft zieht, daß nichts einen Sinn hat.

Warten Sie, meine Damen und Herren, nun wirklich nur noch 5 Minuten, ich komme zur Sache: Wo bleiben denn heute die großen Zweifel am Sinn des Ganzen!? Ich höre weit und breit nur den Ruf nach dem Positiven. Alles will nur noch Unterhaltung am Feierabend und Sport am Wochenende, ausgewogen hin und her. Werktags kräht alles nach Leistung und Erfolg. Und alle Kommentatoren nicken erfreut, weil nach den letzten Umfrageergebnissen die sogenannte Null-Bock-Haltung der Jugendlichen wieder im Abklingen ist, die ein kümmerlicher und sprachloser Versuch war, sich dem allgemeinen Bejahungswahn zu entziehen. Überall macht sich harmloses Gesäusel breit, auch in der Literatur, und nirgends fliegen die Fetzen. Gegen das System rennt sowieso kein Mensch mehr Amok, sei es aus Angst vor Arbeitslosigkeit oder weil man glaubt, sich mit seinen 68er-Hoffnungen lächerlich genug gemacht zu haben. Wo aber sind denn wenigstens die Bücher, die mit der nötigen Heftigkeit gegen das Leben stänkern, was doch seit jeher eine der wichtigsten Aufgaben gehobener Literatur war, von Shakespeare bis Schiller, von Byron bis Beckett. Wo findet sich denn heute noch eine anständige nihilistische Zerrissenheit à la Heinrich Heine, die sich von der von Werbetextern übertünchten Welt deutlich abhebt?

Es war fast zweitausend Jahre lang eine typisch christliche Infamie, den Juden Geldgier und einen verschlagenen Geschäftssinn vorzuwerfen, um damit die eigene venezianische, augsburgische, florentinische, pariserische, wienersche, hamburgische Kapitalrafferei und Korruptheit zu verbergen. Wer nach den Judenmorden der Nazis noch immer laut auf reiche Juden deutet und krumme Geschäftspraktiken mit jüdischer Herkunft in Zusammenhang bringt, der ist ein unbelehrbarer Rassist und ein mieser Nestverschoner, weil er vor der Gewinnsucht und der Korruption riesiger arischer Häuser wie Flick & Co. seine blöden antisemitischen Augen verschließt. Während aber die Verbrechen der Nazis beschämenderweise nicht genügt haben, den Antisemitismus endgültig mundtot zu machen, haben sie es andererseits fertiggebracht, eine so heilsame und notwendige Kraft wie den Nihilismus nachhaltig in Mißkredit zu bringen.

Her endlich mit einem neuen Nihilismus! Wer überhaupt etwas will im Leben, der braucht einen Nihilismus, um nämlich auch das in Frage zu stellen, was er will. Wo kommen wir hin, wenn wir uns nicht unentwegt selbst anzweifeln und das nicht null und nichtig finden, was wir tun und was wir sind? Wir kommen eben dahin, wo wir gerade sind. Und das ist ein seltsamer Ort. Wer sich ernst nimmt, der muß sich zugleich auch lachhaft finden, was wäre er sonst für ein Mensch. Die Lebensverneinung ist es, die dem Denken und der Literatur Schärfe, Schnoddrigkeit und die auch dringend nötige Ambivalenz verleiht.

Die Lebensverneinung ist ein uraltes Mittel, um über die Runden zu kommen. »C'est la mort qui console, hélas! et qui fait vivre«, sagte Baudelaire: der Tod ist's, der uns tröstet, ach! und der uns leben macht. – Es wäre nicht auszuhalten ohne den Trost des Todes. Die ganze Poesie des Barock ist ein einziger Flirt mit dem Tod; nur aus dieser Haltung heraus kann das Leben überhaupt genossen werden. Und ich habe bisher noch niemanden gehört, der Andreas Gryphius und Hofmannswaldau als präfaschistische Dichter bezeichnet hätte.

Aus den unrühmlichen Entgleisungen von Benn und Hamsun kann man lernen, wie vorsichtig man mit dem Nihilismus umzugehen hat. Eben weil der Nihilismus ein reaktionäres Element hat, gehört er nicht in die Hand von Reaktionären, sondern von Aufklärern. Nur aufgeklärte Leute können es sich leisten, den Fortschritt und die Neuheiten zu verspotten. Benn und Hamsun konnten es sich nicht leisten, weil sie es versäumten, die fatalste aller Neuheiten zu verhöhnen: den Nationalsozialismus.

Dennoch kann man sich als aufgeklärter Leser über die enorme Fortschritts- und Emanzipationsfeindlichkeit von Benn und Hamsun wunderbar amüsieren. »Entwicklungsfremdheit ist die Tiefe des Weisen ... Zu- und Abreisen ist das Zeichen einer Welt, die nicht klar sieht«, schreibt Benn, schlechtgelaunt, aber sehr nachvollziehbar; und Hamsun wettert, wo er kann, gegen Leistungsgesellschaft und bürgerliches Erfolgsdenken. Seine Halbhelden haben keinen Willen mehr, sie trinken nicht einmal mehr, sie wollen nichts werden, sie lächeln nur noch der Form halber; sie haben natürlich etwas gegen Neureiche, gegen Aufsteiger, aber auch gegen Arbeiter, die jetzt auf einmal die Frechheit besitzen, mit dem Fahrrad ins Sägewerk zu kommen; und natürlich machen sich diese nihilistischen Figuren über Mode und Emanzipation ebenso lustig wie über ihre eigenen klischeehaften Erwartungen. 1933 heißt es in dem Roman *Der Ring schließt sich:* »Wie er sie da zum ersten Mal sieht, sitzt sie nicht mit einem Buch da und schlägt ein paar träumerische Augen auf, nein, sie hat kurzes Haar, raucht eine Zigarette, ist im Overall und hat rotlackierte Nägel. Wir sind so modern, und so hirnlos im Kopf, und wir haben einen so mageren Hals und keine Brust.«

Ein durch und durch reaktionärer und frauenfeindlicher Spott, aber zweifellos sehr komisch. Weniger komisch, aber sehr wuchtig ist eine Tirade Benns (1938 an Oelze), wo er die »dreckige Menschheit« beschimpft als »hassenswertes, dummes, kindererzeugendes, Wohnung suchendes, omnibusbesteigendes, aufbauendes, weibersichzuwedelndes, plauderndes, gebildetes, ehrbar strebendes, redliches, meinungsäußerndes, mädchenengagierendes, ferienverbringendes, ostseefrohes, Sachzusammenhänge erörterndes Geschmeiß von Bremen bis Villach und Domodossola bis Kurische Nehrung – ein großes Hühnerauge über das Ganze, auf das man mit Nagelschuhhacken hauen könnte, bis die Pleureusen stäuben und die Monokels spritzen.« – Eine grausame Litanei, deren Zynismus vertretbar wäre, wenn sie nur auch auf die Nazis zielte. Davon aber keine Spur. Statt die Augengläser Himmlers verbal zu zertrümmern, bejammert Benn anschließend im stickigen Pathos der Zeit die Situation des armen Künstlers: »Man vergesse das nie: die unsägliche Verlassenheit und Ausgestoßenheit des Geistesmenschen!«

Mein Gott, Gottfried! – Diese verquasten Volten sind natürlich keine Folgen des Bennschen Nihilismus; vielmehr waren Benn und Hamsun nicht nihilistisch genug. Ein fortgeschrittener Nihilismus hätte sie nämlich davor bewahrt, einer Ideologie anheimzufallen. Wer als guter Nihilist über seine

Mitmenschen herfällt, der dürfte dabei die Geistesmenschen nicht ausklammern und schon gar nicht die Nazis.

Zusammen mit ihrem lehrreichen Tritt in den nationalsozialistischen Fettnapf haben uns Benn und Hamsun eine Sprache hinterlassen, deren Ablehnungswucht beispielhaft ist. Und so verfluche ich wehmütig in Benns Stil, was er zu verfluchen vergaß: dieses völkisch keifende, blondglotzende, zopfwindende, in Nürnberg jubelnde, in Radioansprachen kreischende, bürgerbräubrünstige, bresthaft marschierende, stiefelpolierende, Marschmusik dröhnende, schnarrend näselnde, Hotelhallen fischäugig durchschreitende, sich Handschuhe anziehende, glattrasiert telefonierende, Schäferhund streichelnde, Koppelschloß putzende, verschränkten Arms folternde Pack von Berlin bis Berchtesgaden mitsamt seinem gottweißwie verquälten, genieverblasenen, weißbäuchig wimmernden, von Einsamkeit seiernden, vor sich hinstarrenden, alles ertragenden Geistesmenschen.

Benn und Hamsun gelten heute als rehabilitiert. Die alten Konservativen haben es ja immer gewußt und brüten trotzig auf diesen Autoren herum, die von den Linken immer noch verlegen umschlichen werden. Das ist alles etwas wenig. Wo bleibt die Bewältigung?! Was ist denn aus der ganzen Sache gelernt worden?

Es kommt darauf an, die vitale Lebensverneinung aus dem Werk dieser Autoren herauszulösen und richtig einzusetzen. Sie ist ein Kapital, das man den Reaktionären wegnehmen muß, weil es bei denen zu muffeln anfängt. Man muß, ich wiederhole mich, den Nihilismus einem halbwegs linken Weltbild einverleiben. Aus dieser Ecke kommt der klassische Nihilismus ja schließlich auch her. Und da gehört er hin, als ein erfrischendes Korrektiv.

Ich sehe, Sie verlassen bereits den Hörsaal, meine Damen und Herren, und Sie haben recht: draußen scheint die Sonne, die man genießen sollte. Ein Jammer aber ist und bleibt es, daß Benn und Hamsun ihren Zorn nicht gegen die richtigen Leute gekehrt haben: Wie schön hätte auch Hamsun die deutsche Nazibande beschreiben können, wäre er nur so hoffnungslos gewesen und so verzweifelt wie die von ihm geschilderten Figuren, und nicht ein so nordisch-nationaler Sturkopf. Ich darf abschließend ihm zu Ehren das Versäumte nachholen:

Warf man sich auf den Boden und strampelte wie ein Kind? O nein, das tat man nicht. Man machte Weltpolitik. Man schritt in großen Räumen auf und ab und blickte bedeutend. Man ging leicht vornübergebeugt, als denke man kolossal nach und als trüge man schwer an der Verantwortung. Man drückte sein großflächiges Hinterteil heraus. Man war unbeschreiblich häßlich in seinen Reithosen. Man fühlte sich wie ein Pfau, aber man war die miserable Nachbildung eines Truthahns. Man sabberte und kollerte dummes Zeug. Es war in Mode gekommen herumzuschnarren. Man machte sich gegenseitig nach, und jeder versuchte den anderen im Schnarren zu überbieten. Man hatte flache Knopfaugen und einen gewaltigen Unterkiefer, mit dem man kühn zu malmen versuchte. Man ließ sich die Haare scheren, als würden Wettbewerbe abgehalten, wer den kleinsten ekelhaften Kopf hätte. Nein, man trug jetzt nicht mehr Schnurrbärte wie zu Kaisers Zeiten, sondern zurechtgestümmelte Bärtchen, mit denen man mümmelte wie ein Karnickel. Es war eine Karnickelmode. Und was sagten die Frauen? Den Frauen gefiel das Mümmeln und Hoppeln gut, sie fanden womöglich ihre Karnickelmänner adrett und ungeheuer anziehend. Die Frauen waren Rauschgoldengel aus Wachs, und sie hießen Emmy oder Magda. Sie flüsterten sich ins Ohr, daß ihre Karnickelmänner mit minderwertigen Menschen hart ins Gericht gingen, o ja, da gäbe es eh keine Schonung, zum Teufel nein, hart seien sie, das müsse man ihnen lassen. – Und dann war da der größte aller Puter, er war ganz zappelig und hatte sich in den

Bergen ein Nest gebaut. Er hielt sich wohl für einen Adler. – Oh, man war so fürchterlich beschränkt, man hatte keinen Kopf, sondern nur einen ausrasierten Nacken, man schnarrte und brüllte, und das Volk jubelte zurück. Und man las durchaus die Bücher eines gewissen Knut Hamsun, hehe, und man war dabei so ungeheuer dumm, daß man für Ackerdampf und Waldesrauschen hielt, was doch nichts war als Bitterkeit und scharfes Gelächter über den Unsinn der Welt.

◆◆◆◆◆◆◆

♦♦♦♦♦♦♦♦♦♦♦♦♦♦ WARUM ♦♦♦♦♦♦♦♦♦♦♦♦♦♦ ICH TROTZDEM KEIN ALKOHOLIKER BIN

Das Leben ist nicht gerade weich. Und Grund zum Saufen gäbe es wahrhaftig genug. Vom Alkohol abzuraten ist daher nicht ohne Penetranz. Es bringt einen geradezu in gedankliche Nähe zu den amerikanischen Quäkerpräsidenten. Oder zu den persischen Khomeini-Jublern. Oder zu den neudeutschen Schniegelaffen mit ihren wäßrigen blauen Augen. Weltweit wird von den Verächtern des Alkohols Cola geschluckt, diese braune Pubertätsbrühe, gegen die der abscheulichste Schnaps noch vorzuziehen ist.

Säufer sind auf ihre Weise nicht ohne Einsicht. Denn Selbstzerstörung ist nur eine konsequentere Art des Lebens, das von selbst nicht ganz so schnell erlischt. Der Alkohol sorgt für einen beschleunigten Ablauf. Verblödung und Tod zieht der Säufer mit seiner Gier nach vorn. Das ist nicht gesund, jedoch von einem erkenntnisphilosophischen Standpunkt aus nicht von der Hand zu weisen. Die Alkoholiker aber führen sich dabei auf. Sie prahlen und brüsten sich, sie grölen und schluchzen. Und vor allem sind sie entsetzlich langweilig.

Sie halten sich ständig für galant, was manche in einer kurzen Phase zwischen zwei Gläsern auch tatsächlich sind, um dann allerdings endgültig penetrant, redundant, ignorant, degoutant und hirnverbrannt zu werden. Ob aggressive Künstler oder wehleidige Zahnärzte, kriegsbereite Reserveoffiziere oder schmierige Finanzbeamte – ihre Heiterkeit ist plump und einfallslos. Manche, die man als Verklemmte kennt, werden unter Alkoholeinfluß erstaunlich gelöst, aber in ihrer Gelöstheit wird ihre Leere erst richtig sichtbar.

Manche können nach dem zehnten Schnaps wirklich ganz gut die Erkenntnis herauskotzen, daß einfach alles Scheiße sei. Sie wischen den gesamten kulturellen Überbau mit einer gewissen Großartigkeit vom Tisch und kommen zum Wesentlichen. Aber sie sagen eben nichts als dies: Alles Scheiße! Auch nach dem fünfzehnten Schnaps hat es keinen Zuwachs an Erkenntnis gegeben. Nur die Konsonanten verschleift der Trinker jetzt noch mehr: Allsss Schßßß! Dabei wäre doch nichts interessanter als eine Erklärung, warum alles Scheiße ist. Darauf warten wir doch schon seit Jahrhunderten. Vom Säufer wird die Antwort nicht kommen. In seinem Nebel hält er die Aussage bereits für den Beweis. Er ist eine Pflaume. Er kann sein geheimes Wissen nicht vermitteln. Das macht ihn so öde.

Nicht einmal als Figur in der Literatur taugt der Säufer. Und ein guter Autor, der säuft, wird sich hüten, von seinen Saufproblemen zu schreiben. Der große Trinker und Dichter Joseph Roth hat das nur einmal mit sehr mäßigem Erfolg getan, während das Figurenpersonal von Hemingway und Malcolm Lowry ohne Gin und Whisky nicht auskommt.

Wem es zu schade ist, sein bißchen Bewußtsein ständig mit Schnäpsen zuzukleistern, weil es ein größerer Genuß ist, nüchtern und bei vollem Verstand sein Leben zu ruinieren, der wird mit der lästigen Gegenwart schwerzüngiger Trinker wenig anfangen können. Sie schwanken heroisch und fühlen sich einsam und mißverstanden. In Wirklichkeit sind sie unerträglich autoritär, weil sie den Nichttrinkern oder auch nur Nichtmithaltern das Gefühl suggerieren wollen, memmenhafte Spielverderber zu sein. Die Wirklichkeit aber können Besoffene nicht erkennen, das ist ja das Unausstehliche an ihnen.

Die Lebern der Säufer mögen bedauernswert sein, die Nerven der Nüchternen sind es nicht weniger. Besonders strapaziös sind natürlich die schweren Fälle. Sie haben sich gewissermaßen zu relevanten Randgruppen emporgesoffen und machen als Minderheitenproblem auf sich aufmerksam. Sie schreiben Bücher übers Runterkommen und Trockenwerden, gründen Clubs und erwarten das Interesse des nüchternen Teils der Öffentlichkeit, das ihnen auch zuteil wird. Denn der verständnisvolle Bürger fühlt sich von der Zirrhose unmittelbarer bedroht als vom Hunger der Dritten Welt oder von den Waffenlieferungen in den Nahen Osten. So ist dem Trinker die Zuwendung des Sozialstaats sicher, die er natürlich störrisch ablehnt. Kaum ist die neue Leber transplantiert, greift er zum wohlgehegten Flachmann. Was tun? fragt der Staatssekretär im Bundesgesundheitsministerium. Noch mehr Steuern auf den Whisky kann man den EG-Partnern nicht zumuten.

Die Besorgnis des Staates ist merkwürdig. Denn ein hoher Alkoholkonsum könnte dem Staat doch nur recht sein. Saufen macht blöde, und blöde Bürger sind gute Bürger. Blödgesoffene Bürger schlagen sich zwar vor oder nach Fußballspielen halb oder ganz tot, und besonders die blödgesoffenen Deutschen lassen aus ihren deutschen Kehlen deutsche Lieder herausfahren, so daß sich ein paar empfindliche Zuhörer an die Nazizeit erinnert fühlen, aber dafür machen blödgesoffene Bürger keinen Aufstand. All die bayerischen Biersäufer, rheinischen Weinsäufer, westfälischen Schnapssäufer, Ruhrpottpilssäufer – ob regelmäßig, unmäßig, gelegentlich oder quartal – wählen, was man ihnen aufschwatzt. Sie sind eine Gewähr dafür, daß alles so bleibt, wie es ist.

Warum also sind die meisten Wohlstandsregierungen für eine Einschränkung des Alkoholkonsums? Es gibt nur eine Erklärung: weil sie selbst schon blödgesoffen sind. Die Symptome des Alkoholismus zeigen sich eindrucksvoll: Blackout und Vergeßlichkeit bei gleichzeitiger Behauptung, alles in Klarheit zu sehen und zu sagen – ein Schauspiel, das man stocknüchtern zur Kenntnis nehmen und das man keinesfalls vergessen sollte.

Während die Etablierten in seltsamer Eintracht (wenn auch nicht am selben Tisch) mit den Asozialen ihre Flasche leeren, verschmähen die Feinde des Establishments den Alkohol als Heilmittel. Wer heute richtig schick und ein bißchen subversiv und kriminell sein will, der erweitert sein Bewußtsein, indem er in Nebenzimmern von irgendwelchen möglichst sauberen, bei ordentlichen Dealern abenteuerlich erstandenen Rauschmitteln nascht. Das aber übertrifft die schlimmste Sauferei an Dummheit. Denn wie kann man erweitern, was doch gar nicht vorhanden ist?

Um mich aber mit meiner Absage an die künstlichen Paradiese nicht zum Anwalt des Gesundheitsministeriums zu machen, um nicht mit diesen Mineralwasser trinkenden Arbeitstieren, diesen frischfröhlichen Kreativitätsmaschinen verwechselt zu werden, werde ich mir jetzt entgegen meinen Grundsätzen ein großes Glas verordnen und es fernab aller Saufrituale hinter die Binde gießen, auf daß sich Dämmer in meinem Kopf ausbreite.

Denn auch gegen die verdammte Askese muß irgend etwas getan werden.

◆◆◆◆◆◆◆

◆◆◆◆◆◆◆◆◆◆◆◆◆◆ WARUM ◆◆◆◆◆◆◆◆◆◆◆◆◆◆ ICH TROTZDEM SEITENSPRÜNGE MACHE

Jede Institution muß hintergangen werden. Da sind wir uns hoffentlich einig. Ohne diese Maxime wäre es nicht auszuhalten. Oder findet sich jemand, der allen Ernstes behauptet, man müsse sich zu Einrichtungen wie Versicherungsanstalten, Deutschen Banken, Schulen, Wehrpflicht, Finanzämtern, Sendeanstalten und polizeilichen Meldepflichten loyal und partnerschaftlich verhalten? Das alles sind Ordnungssysteme, die nur erträglich sind, wenn man sie elegant umgeht.

Nicht anders ist die Ehe, vom Staat gewünscht zur Erhaltung von Zucht und Ordnung und zur geregelten Vermehrung von Nachwuchs, und von der Kirche seit Jahrtausenden mit dem penetranten Gebot versehen, einander treu zu sein; ein absurdes Gebot, wie es nur von einer Institution ausgeheckt werden konnte, die sich ein noch absurderes Ding wie das Zölibat einfallen ließ. Wes Hirn dergleichen ersann, des Lied ich nimmer sing.

Aber Schluß mit den Ketzereien jetzt, uralte Hüte, die Pfaffen wurden früher schon besser gescholten, und die Ehe hat kulturgeschichtlich insofern ihre Verdienste, als die halbe Weltliteratur ohne das Thema Ehebruch nicht geschrieben worden wäre.

Die Probleme haben sich heute verlagert. Von Ehebruch spricht keiner mehr, das Wort stirbt aus, und wenn auch ein Liebhaber altmodischer Wörter, bedaure ich den Hingang dieses Wortes nicht, das ein unvermeidliches Gelüst in die Gegend des Verbrechens stellt.

Heute geht man fremd, heute macht man Seitensprünge. Die Sache hat an Tragik verloren, aber auch an Gewicht;

Untreue ist Stoff für die kleine Komödie. Oswalt Kolle hat in den 60er Jahren den Seitensprung als belebendes Element der modernen Ehe propagiert, und es ist ein Skandal, daß der revolutionäre Arzt noch immer nicht ins Konversationslexikon eingegangen ist, im Gegensatz übrigens zu dem kulturgeschichtlich völlig bedeutungslosen Franz Beckenbauer, den ich hier, ohne ihn zu kennen, aus einer unsinnigen persönlichen Aversion heraus erwähne. Ich finde nämlich, er sieht so aus wie ein Seitenspringer von der pampig-frivolen Art, wie sie mir höchst zuwider ist.

Oswalt Kolle hat ein Bedürfnis der ehelichen Massen ausgesprochen und damit das Niveau für die Diskussion vorgegeben. Fortan war man zur Duldung der Untreue bis hinunter in die tiefste Illustriertenebene bereit. Seitdem beschwichtigen die Ratgeberecken selbst der reaktionärsten Zeitschriften aufgewühlte Eheleute aus Wuppertal und Nürnberg-Fürth, wenn der Partner fremdging: Nicht gleich die Flinte ins Korn werfen, heißt es, nicht schießen und scheiden, sondern Ruhe bewahren und miteinander reden: »Kaufen Sie eine gute Flasche Wein, ziehen Sie sich nett an und reden Sie mit ihrem Partner.« Dies ist tatsächlich eine Art Fortschritt gegenüber dem späten 19. Jahrhundert, wo solche Delikte mit sofortiger Existenzvernichtung mittels Duell oder fristlosem Rausschmiß der windigen Gattin beantwortet wurden.

Aber der Fortschritt hat bekanntlich zwei Gesichter, nicht nur der technologische. So hat die Popularisierung des Seitensprungs die spießigsten Folgen. Was sich an den Rändern der heutigen Ehen abspielt, ist oft hundsgemein und schmuddelig. Vom Fernsehshowmaster bis zum Fernsehshowzuschauer – alles schmierig, dreist und grinsend, ohne Pfiff und Galanterie.

Und nichts ist verlogener als die neue deutsche Offenheit. Es ist wie mit der Abtreibung. Theoretisch ist man für Liberalisierung. Jeder billigt jedem Seitensprünge zu; kaum aber fühlt man sich persönlich in Mitleidenschaft gezogen, beruft man sich auf die Bibel oder wenigstens auf die monogamen Graugänse von Konrad Lorenz. Dabei bewahren die Frauen aufgrund ihrer langen Dulder-Geschichte noch mehr Haltung als die Männer. Der Mann nämlich, diese dumme Sau, dieser jahrtausendealte Betrüger seiner Frau, hat noch immer nichts begriffen. Erfährt er vom Seitensprung seiner Frau, kennt sein Jammer keine Grenzen. Dabei begreift er sein eifersüchtiges Sichwinden womöglich noch als Folge der neuen deutschen Leidenschaft, die er sich spätestens seit Ansicht des »Carmen«-Films zueigen gemacht hat.

Wagt er es allerdings, nach Art alter Gentlemen souverän zu lächeln und seiner Frau beste Glückwünsche zu übermitteln, so wird ihm die Gattin sogleich fehlende Liebe vorwerfen. Das Dilemma ist perfekt.

Daneben aber werden immer mehr Seitensprünge ohne großen Aufruhr vollzogen. Diese Seitensprünge auf der Höhe ihrer Zeit riechen nach moderner Büroeinrichtung und mittelgroßen BMW-Autos, nach balzhaftem Autoschlüsselgeklimper, nach sportlichen Nappalederjacken, Tastentelefonen, nach verglasten Nostalgiepostern an überweißen Wänden und Teppichböden aus Velours: »Komm, sei nicht so, Julia, Monika hat sicher nichts dagegen und dein Wolfgang doch auch nicht!« – »Machst du mir noch einen«, haucht Julia und deutet auf ihr riesengroßes leergetrunkenes Cocktailglas. Seitensprünge aus dem Prospekt: alles käuflich, alles erlaubt, alles halb so schlimm, alles klar, alles schon irgendwie okay. Es herrscht ein furchtbarer Mangel an Stil und Raserei, keine Heimlichkeiten, keine glühenden Gedanken.

Die Lage ist trüb. Auf der einen Seite produzieren Seitensprünge ebenso heftige wie lächerliche Schmerzen und körpersprachlich gänzlich mißratene Veitstänze der Eifersucht, auf der anderen entlädt sich die muffelige Lüsternheit von Betriebsausflügen im phantasielosen Gerammel in fremden

Betten neben blinkenden Digitaluhren. Dies allerdings ist kein Grund, sich der neuen deutschen Treue zuzuwenden, die durch die Angst vor AIDS-Ansteckung schon munter zu keimen beginnt.

Der Seitensprung muß endlich kultiviert und aus den Fängen Kolles und der Illustrierten befreit werden. Die Ansprüche sind hoch: Er darf niemandem weh tun, aber er darf auch niemanden gleichgültig lassen. Er darf nichts Hechelndes, Nestelndes, Flüchtiges haben, und er darf nicht ohne Liebe sein. Denn das Bild vom Bürger, der sich den reinen Sex gelegentlich außerhalb seines Schlafzimmers bei einer Mieze holt, ist eins der klebrigsten Klischees. Es darf nicht kitschig zugehen. Keine Kerzen! Keine langstieligen Gläser! Man sieht: Die Gesetze der freien Liebe sind strenger noch als Gottes Zehn Gebote. Die Geliebten dürfen nicht das blanke Gegenteil der Ehepartner sein, weil auch das ein alter Hut ist: die blonde Gattin und die rassig-schwarze Geliebte, das wäre ja ganz schön, aber es ist irgendwie zu billig; analog ist der plumpe, phantasielose Geld-Gatte und der feingliedrige bitterarme Poet eine zu naheliegende Kombination. Das sieht ja so aus, als holte man sich von außen etwas, das man in der Ehe nicht bekommt, was nun auch wieder ein entsetzlich herkömmlicher Grund ist. Daher sollte die Geliebte auch nicht mehr als sieben Jahre jünger sein als die Ehefrau; der knackige Hintern ist zwar etwas Schönes, ihm aber hinterherzulaufen ist die Art von schlüpfrigen Silbergreisen. – Es dürfen aber die Geliebten auch nicht aussehen wie die Ehefrauen, was eigenartigerweise häufig vorkommt. Das ist doch albern. Und die ideale Geliebte schließlich darf nichts Saugend-Forderndes, nichts Triumphierendes, aber auch nichts Bescheiden-Abwartendes haben. – Regeln, Regeln, wohin man sieht; aber sie sind nötig. Denn nehmen die Seitensprünge überhand, wird man zur Witzfigur. Kehrt der Seitenspringer oder die Seitenspringerin heim, dann darf kein Verhör stattfinden, doch auch kein dumpfes Schweigen. Ideal ist ein ironischer Empfang, bissig, aber nicht bitter.

Und nie, nie, nie darf der Seitensprung in der Faschingszeit stattfinden! Dann, wenn die Hoppelherde ihn am ehesten zu dulden bereit ist, wenn die verkaterten Pappnasenmänner und -frauen zur Nachsicht ebenso bereit sind wie zum Blitzakt hinter der Garderobe, wenn der Seitensprung schon fast als nötige Würze der närrischen Tage angesehen wird – dann will ich herzlich gern keusch und asketisch sein.

Der Seitensprung ist ein Phantom und ein Symbol für die Unvereinbarkeit verschiedener Interessen und für die furchtbare Tatsache, daß des einen Glück des anderen Unglück sein kann. Die Psyche ist barbarisch organisiert. Etwas so Heiteres und Wichtiges und Würdiges, etwas so Notwendiges wie gelegentliche Sprünge ab von der festgelegten Bahn in Greisenalter und Tod, etwas so Harmloses wie ein Nachmittag auf einer Sommersonnenwiese soll einen so abscheulichen Wolkenwust von aufgetürmten Konflikten zwangsläufig nach sich ziehen? Das sähe der Welt ähnlich, daß sie solche Naturgesetze ausheckte, die noch die staatlichen Gesetze an Grausamkeit übertreffen. Und wenn es so wäre – an solche Naturgesetze weigerte ich mich zu glauben, und wenn auch alles dafür spricht. Lieber verlasse ich hier meinen sorgsam gehüteten Standpunkt der Vernunft und mache gleich einen Doppelsprung: nicht nur zur Seite, sondern auch noch ins suspekte Lager der Spinner. Das ist mir die Sache wert. Wenn die Vernunft unerträglich wird, darf sie verraten werden. Und so behaupte ich steif und fest, daß sich Naturgesetze umgehen lassen. In diesem Fall schon.

◆◆◆◆◆◆◆

WARUM ICH LIEBER HYSTERISCH BIN

Das Umdenken und das Umwerten der Werte hält lebendig. Angesehene Dinge wie das ehrwürdige Schachspiel oder den Begriff der professionellen Arbeit mit ausgesuchten Argumenten madig zu machen und, umgekehrt, das von aller Welt gescholtene Fernsehen oder auch die deutschen Beamten in Schutz zu nehmen – das hält munter und ist ganz komisch.

Weniger komisch ist es, wenn man zum Umwerten gezwungen wird. 1945 mußte ein beträchtlicher Teil der Deutschen einsehen, daß sie einer verheerenden Ideologie aufgesessen waren und die übelste Rolle gespielt hatten, die je ein Volk gespielt hatte. Ein kleiner Teil der Amerikaner sah nach Watergate kurzfristig ein, daß Vietnam nicht etwa nur ein strategischer Fehler, sondern ausgewachsener Völkermord gewesen war. Nach der Ölkrise 1973 kam dann der Wohlstands- und Ökoschock. Vorbei die unbeschwerte Zeit der Plastiktüten, der schönen Verschwendung und der munteren Autobahnraserei. Voreilig machten die ersten Porschefahrer Selbstmord. Sie waren nicht bereit, auf den Wert der Geschwindigkeit zu verzichten. Sie hätten sich lieber auf die Automobillobby verlassen sollen, die erfolgreich für das freiheitliche Ausfahren ihrer Spitzenmodelle intervenierte, intrigierte und herumschmierte.

Alles längst historisch. Und nun sind Chemie und Kernphysik dran. Die Atomspalterei hat sich als Schweinerei erwiesen. Daß die Sache faul ist, wußten wir schon immer. Aber so richtig ernst haben wir es nicht genommen. Dabei waren schon diese Physikstudenten so unangenehm. Sie saßen immer in anderen Kneipen oder an anderen Tischen. Sie unterhielten sich nicht über die neuen Filme von Godard, sondern spielten Skat und wurden laut, wenn sie betrunken waren. Adorno hielten sie für eine Rosenart; ein noch erstaunlich poetischer Fehlgriff. Diese stumpfen Leute sitzen jetzt in der Industrie, befassen sich mit Uran und Plutonium und wollen nicht arbeitslos werden. Die wenigsten von ihnen werden bereit sein, ihr eingebleutes Wissen als wertlos anzusehen oder gegen die angelernten Interessen einzusetzen. Wie auch die vom Umdenken blökenden Machtpolitiker viel zu erstarrt und viel zu bestochen sind, um jemals wirklich umzudenken.

Aber wie ist es mit uns, meine Damen und Herren, die wir doch alles wußten. Wir wußten, daß deren Politik zum Himmel stinkt; und wir wissen seit Jahren, daß das Wort »kriminelle Vereinigung« sehr milde die Leute beschreibt, die seit Jahrzehnten das Sagen haben. In diesem wesentlichen Punkt wenigstens brauchen wir nicht umzudenken.

An der Macht sind Totalversager, die nichts im Griff und nichts begriffen haben. Wenn die Brennstäbe in unserer näheren Nachbarschaft durchschmelzen sollten, wenn uns die Sprengköpfe der Supermächte um die Ohren flögen, würden sie in ihren Bunkern hocken und übers Fernsehen in den wegen eines Fußballspiels verschobenen Nachrichten denselben konfusen Beschwichtigungsterror ausüben: unsere Sorge sei verständlich, aber völlig überflüssig. Nur keine Panik, nur keine Hysterie.

Das ist das Stichwort. Vor Hysterie haben sie Angst. Und wovor die Angst haben, das kann für uns nur gut sein. Auf diese Faustregel ist Verlaß. Auch wenn wir gar nichts mehr wissen – was giftig, was tödlich, was unbedenklich ist –, so ist doch dies eine wenigstens sicher: Verlautbarungen der Regierung ist niemals zu trauen; wenn überhaupt irgend etwas richtig ist, dann ist es immer das Gegenteil von dem, was die krebserregenden Regierungssprecher von sich geben.

Daher sollten wir die Gelassenheit schleunigst fahrenlassen und lieber hysterisch werden. Das fällt uns nicht leicht. Und hier endlich ist der Punkt des peinlichen Umdenkens.

Gelassenheit war nämlich bisher unser schönes Lebensprinzip. Wir haben uns daran gewöhnt, die Regierenden für Popanze zu halten. Wir haben ihnen natürlich niemals ein Wort geglaubt, und keiner von uns hat ihnen auch nur Bruchteile jenes Vertrauens geschenkt, um das sie in ihren dreckigen Wahlschlachten mit falschem Schweinsblick buhlen; aber wir haben sie auch nicht ernst genommen. Sie führen seit jeher ein mieses Spektakel auf, und wir haben als die Klügeren kopfschüttelnd zugeschaut: Die Welt als Bühne. Wer eingreift in das Affentheater, macht sich nur lächerlich. Das war unsere heimliche Devise.

»Bei einer Säule stand er angelehnt, / verschränkten Armes und den Blick gedehnt.« So beschreibt Lord Byron einen seiner schicken Dandys. Und dies war auch unsere Position: die des überlegenen, spöttischen Betrachters.

Vor unserem Spott aber haben sie keine Angst. Im Gegenteil. Dadurch fühlen sie sich geehrt. Das adelt nur ihr perfides Treiben. Deshalb müssen wir ausfällig werden.

Ach, es war so angenehm, / unbeteiligt zuzusehn. Nicht der reinste Reim, der mir da einfällt, aber doch ein Standpunkt. Und es fällt so schwer, diesen souveränen Standpunkt aufzugeben und schnatternd einzugreifen.

Wir waren gern sensibel und nervös. Aber das genügt nicht. Sensibel sind heute Börse und Wirtschaft. Die darf man beim Wachstum nicht stören. Sonst kollabieren sie angeblich. Wir müssen hysterisch sein. Mit ausgewogener Umsicht kommen wir nicht mehr weiter.

Die Politik der letzten Jahre war weltweit faul wie die des Nationalsozialismus. Zweifellos eine hysterische Behauptung. Und schon deswegen nicht ohne. Die Nazis haben die Massenvernichtung systematisch betrieben, die Machthaber von heute nehmen die Massenvernichtung systematisch in Kauf. Ich kann darin nur wenig Unterschied sehen. Die Nazis töteten ihre Feinde mit gezielter Bösartigkeit, die adretten Leute von heute sind in der Lage, Freund und Feind mit ziellosen Dummheit auszurotten. Wenig Fortschritt. Im Gegensatz zu den KZ mit ihren Brennöfen wurden Sprengköpfe, Brennstäbe und Giftgasgranaten zwar unter unserem Protest installiert, aber jetzt, wo sie da sind, ertragen wir sie auch wie die Schafe. Es geht überall zu wie in großdeutschen Zeiten. Auch in Frankreich. Die Nähe des Todes ist einigen unangenehm, aber man erträgt sie. Und der letzte Dauerdemonstrant von Mutlangen erscheint zunehmend als Unikum.

Die zerfetzten Körper im Nahen oder Fernen Osten haben uns das Abendessen noch nie nachhaltig verdorben. Jetzt hat uns die Angst vor Blut- und Kehlkopfkrebs und vor dreiköpfigen Enkeln ein bißchen zur Raison gebracht. Es war fahrlässig, gedehnten Blicks zuzusehen, wie die Politiker fahrlässig wirtschaften. Sie sind Irre, aber nicht von der harmlosen Sorte. Auf ihre Beruhigungsversuche muß mit Hysterie geantwortet werden. Dem sind sie nicht gewachsen. Ihr fortwährender Aufruf zur Gelassenheit ist nichts als der infame Zuspruch abgefuckter Metzger, die ihr Vieh ohne störendes Gequietsche zur Schlachtbank führen wollen. So haben uns die neuen Herrscher nicht nur die Luft, das Wasser und den Boden versaut, sondern obendrein einen ehrwürdigen Begriff und eine noble Haltung, mit der man seit der griechischen Antike gut über die Runden kam. Aber vielleicht war in dieser angenehmen stoischen, eleganten, geradezu herrschaftlichen Haltung von Anfang an der Wurm?

Gelassen zieht der Mann ins Feld und läßt sich abknallen. Umkehr ist seine Sache nicht. Nur nicht die Ruhe verlieren. Wer flieht, ist feige, und wer kein Atomgemüse ißt, ist selber schuld.

Dann lieber noch die als weibisch geltende hysterische

Reaktion; sie ist stillos, aber wir können nicht immer auf Stilfragen wert legen. Sie ist strapaziös und nervtötend und möglicherweise sogar überflüssig, aber wir haben doch sonst nichts gegen Überfluß. Zum rechten Zeitpunkt hamstern, fliehen, aufheulen kann sehr nützlich sein. Doch bitte vorher noch mit gellendem Gekreisch verseuchtes Blattgemüse in die Gesichter der Minister stoßen.

Auf irgendeinem Schriftstellerkongreß wurde vor einiger Zeit angesichts des penetranten Wettrüstens dazu aufgerufen, endlich Mut zur Angst zu haben. Diese wohlmeinende Formel ist nicht glücklich. Denn wir leiden nicht so sehr unter einer Unfähigkeit zur Angst, wir stehen vielmehr seit über zweitausend Jahren (jedenfalls im kulturellen Mitteleuropa – etwas anderes kenne ich nicht und etwas anderes hüte ich mich zu beurteilen) unter dem insgeheimen Diktat eines seltsamen Ehrenkodex: sich bloß nicht zu echauffieren.

Dieses Diktat erfuhr seine letzte Blüte in der Passagenwelt des 19. Jahrhunderts, wo die Dandys und Décadents und Gentlemen mit überheblichen Augenbrauen flanierten. »Echauffieren Sie sich nicht, Monsieur!« rief die Dame dem Weltmann zu, der seine Nervosität hinter dem Zwirbeln der Barthaare verbarg. Ein Verlieren der Contenance wäre für einen Ritter der großen Boulevards das Ende seiner Laufbahn gewesen. Noch auf dem Weg zur Guillotine hatte man pikante Bonmots von sich zu geben. Dem Tod gefaßt ins Auge sehen – diese schaurige Anstandsregel war jedem satisfaktionsfähigen Leutnant in Paris, London und St. Petersburg einst eine Selbstverständlichkeit. Sie hat sich heute zu der uneinsichtigen Sturheit entwickelt, mit der sich Franzosen, Engländer und Russen zwischen Atomkraftwerken und Atombombenversuchen wohnlich eingerichtet haben wie früher zwischen ihren Guillotinen. Das einstige Dandytum ist überall heruntergekommen, wie die hellen Passagen und

Galerien des 19. Jahrhunderts zu unterirdischen Kunstlicht-Einkaufsschächten heruntergekommen sind, deren Nischen mit angefressenen Hamburgern und aufgeplatzten Styroporschachteln verkleckert sind. Das elegante Flanieren von einst wurde zum Lungern; und die Weltmannsregel, gelassen zu bleiben und sich nicht zu echauffieren, ist zu jener Losung geworden, die sich die Ketchup mampfenden Pseudopunks in den Fußgängerzonen zurufen: Bleib cool!

Auch auf diese Entwicklung kann man sich einen Reim machen: *Dahin ist alle Eleganz, / zum Vorschein kommt die Ignoranz.*

Die Gelassenheit ist ein schöner Luxus, den man sich im Augenblick nicht leisten kann. Ich jedenfalls habe beschlossen, mich nicht länger vornehm zurückzuhalten, sondern mich zu echauffieren, wenn mir danach zumute ist. Ich will nicht länger zusehen.

Ich verrate nun einen Spruch des von mir hochverehrten Gottfried Benn, schweren Herzens, denn der Spruch ist von unübertrefflicher Verbohrtheit. Aber auch das gehört zum Ende der Gelassenheit, daß wir aufhören, unsere Lieblinge dauernd in Schutz zu nehmen. Benn schreibt: »Das Leben war ein tödliches Gesetz und ein unbekanntes; der Mann, heute wie einst, vermochte nicht mehr, als das seine ohne Tränen hinzunehmen.« – Näher als solcher verblendeter Korps- und Casinoton steht mir hier Leslie Howard in seiner Rolle als Scarlet Pimpernel, der als blasierter Geck scheinbar nichts anderes im Kopf hat als die Blütenhaftigkeit seiner Manschetten, der sich dahinter aber als verwegener Lebensretter erweist.

Wir Dandys sind vornehme Beobachter eines erbärmlichen Spektakels gewesen. Wenn wir eines gelernt haben, dann ist es die exakte Beobachtung. Nun werden wir unser Beobachtungsvermögen und unsere Phantasie einsetzen und die unzumutbaren Quälgeister ein wenig züchtigen.

Mut zur Wut – das reimt sich schon besser. Mut ist nötig, denn wer wütet, der bricht ein Tabu und zieht Kritik von allen Seiten auf sich. Wüten gilt als Unzurechnungsfähigkeit, als unangemessenes Mittel. Selbst Gegner der internationalen militärischen, ökologischen, ökonomischen, physikalischen und chemischen Riesenschweinerei mögen es nicht, daß man gegen die verursachenden und betreibenden Riesenschweine loswütet.

Daß man vor Umweltkatastrophen und vor der atomaren Vernichtung Angst hat, das geht in Ordnung. Angst lähmt ja auch, das kann man brauchen. *Angst ist okay,* wie der moderne Therapeut sagt, der systemkonforme Esel. Sogar der weinende Mann ist mittlerweile salonfähig und bekommt von allen Seiten feuchte Plädoyers, nicht aber der Wüterich, der Hysteriker.

Erhitzt, wie wir sind, wollen wir jetzt ausfällig werden. Wir werden die Verantwortlichen auf die Bühne treiben und mit unseren Worten entkleiden. Wir werden ihre mürben weißen Ärsche aufleuchten lassen. Unser hübscher Spazierstock aus Mahagoni oder Ebenholz mit dem feinen Elfenbeingriff ist nicht nur dazu da, ihn gelangweilt zwischen den Fingern zu drehen. Wir werden ihn auf den Schweinsärschen unserer Feinde tanzen lassen. Sie werden nach ihren Anwälten schreien, aber die werden nur die Schultern zucken. Denn sprachliche Züchtigungen lassen sich nicht als Behauptungen unwahrer Tatsachen deuten.

Wie immer werden wohlmeinende Skeptiker zu bedenken geben, daß wir ihnen so nicht beikommen, aber wir werden unseren Quälgeistern so lange ins Ohr schreien, wie häßlich sie sind, bis sie unter dem Respektverlust und unter ihrer Würdelosigkeit verzweifeln und den Tag ihrer Wahl verfluchen. Sie werden sich die Ohren zuhalten und nach ihren Müttern rufen, aber ihre Mütter werden sich schon längst von ihren Ausgeburten losgesagt haben. Und wir werden ihnen die Hände von den Ohren reißen. Ein paar besonders Unverschämte werden ihr Wehklagen unterbrechen und uns Nazimethoden vorwerfen; dafür bekommen sie extra zwei Dutzend Hiebe auf die Fußsohlen, bis ihnen der grundlegende Unterschied klar wird oder sie ihn zumindest auswendig hersagen können: Der Faschismus ist die unmenschliche, grauenvolle Vernichtung von Ohnmächtigen durch einen perversen Machtapparat; was hier statt dessen geschieht, besitzt bei aller Gräßlichkeit die Schönheit des Widerstands: die korrupte Macht erfährt im Namen der wahren Menschenrechte endlich ihre märchenhafte Bestrafung.

»Theater der Grausamkeit« – was kann man sich unter diesem Schlachtruf für wuchtige Bühnenwerke vorstellen, und welche kümmerliche Intellektuellenidee steht dahinter. Ist das das Schicksal von Manifesten? Ich habe nie verstanden, was an der Konzeption Antonin Artauds grausam sein soll. Das war auch so ein Mythen-Kaspar. Ich schlage nach und lese: Von »anarchischer Vitalität« ist die Rede, von »unerbittlicher, grausamer, erbarmungsloser Konsequenz« und davon, daß das Theater »wie die Pest eine ungeheure Beschwörung von Kräften ist, die den Geist zur Quelle seiner Konflikte zurückführen«. Dann wirklich lieber noch den Schaum der Wut vorm Mund als das.

Das Grausame bei Artaud, das ist nichts als ein bißchen Magie und Mythos. Es kommt aber nicht darauf an, die Dinge zu verzaubern und zu mythisieren. Eben darin besteht der herrschende Idiotismus, daß man für die Vorfälle des Augenblicks mythische Muster sucht. Das geht so weit, daß Atom- und Politpäpste, die vorgeben, Realisten und Rationalisten zu sein, an den Mythos der Apokalypse erinnern, wenn man sie in die Enge treibt: große Katastrophen seien sowieso unausweichlich in der Menschheitsgeschichte, sagen sie glatt.

Mythisierungen sind fauler und gefährlicher Zauber. Wenn schon Mythen und Theater der Grausamkeit, dann müßte genau umgekehrt verfahren werden: die Mythenvorlage muß konkret und aktuell bebildert werden. Der Kanzler überdeutlich als eklige Made im Speck. Dadurch erst entsteht eine mögliche Grausamkeit, die vielleicht zu einer gewissen Besinnung beitragen könnte.

Grausame Endzeitbücher helfen bisher nicht weiter. Sie sind offenbar immer noch nicht drastisch genug. Sie haben nichts Befreiendes. Sie zittern so vor Angst. Sie wiederholen den tatsächlichen Schrecken auf literarischer Ebene. Und sie erschrecken nur die Leute, die ohnehin erschrocken sind.

Es ist aber an der Zeit, diejenigen zu erschrecken, die uns in Schrecken versetzen. Die haben nicht viel Phantasie. Deshalb müssen wir leider sehr deutlich und sehr grob werden. Mit feinen Anspielungen ist es nicht mehr getan.

Schluß mit dem Gezittere! Das ist ja peinlich in doppelter Hinsicht. Reden die, die wir nicht ausstehen können, nicht dauernd von Abschreckung? Ist das nicht ihr Rezept? Nun werden wir eine abschreckende Aufführung veranstalten. Wir verdreschen sie auf offener Bühne. Sie haben mit unserer lebenslangen Zurückhaltung gerechnet, und nun sind sie unserem hysterischen Wutanfall nicht gewachsen. Immer wollen sie von der Bühne hoppeln und sich verkriechen, aber immer treiben wir sie zurück mit unserem Stöckchen, denn nach Gnade ist uns zunächst noch nicht zumute. Es ist lächerlich, gegen diese Leute noch Argumente hervorzubringen. Das haben wir lange genug ohne Erfolg getan. Man muß sie lächerlich machen, und zwar mit allen Mitteln. Da sie selbst infam sind, brauchen wir keinerlei Rücksicht zu nehmen. Splitternackt stehn der feiste Kanzler und die Schar seiner mißratenen Minister auf der Bühne. Wahrlich kein erhebender Anblick. Wir werden dafür sorgen, daß sie sich schwarze Nylonstrümpfe und Strumpfhalter anziehen. Ihr Fleisch wird über die Ränder der Strümpfe und Strapse quellen, und dieser wenig lustvolle Anblick wird vielleicht die Zuschauer zur

Raison bringen, die immer noch nichts kapiert haben. Noch immer gibt es Liebhaber des bayerischen Ministerpräsidenten, die diese Jammergestalt als letzten Tupfen Farbe in der grauen Welt der Politik verteidigen; in diesem Aufzug nun wird er auch ihnen sein wahres Gesicht zeigen.

Jahrelang haben die Machthaber das Stimmvieh an der Nase herumgeführt, nun drehen wir den Spieß um. Wir werden ihnen Ringe durch die Nase stecken und Bulldoggenhalsbänder um ihre Specknacken legen. Wir haben ihre degoutanten Auftritte beim Mainzer Karneval gesehen, und nun werden wir eine andere Revue und eine andere Dressur vorführen. Das Massenpublikum ist nur noch mit gräßlichen Vorführungen zu erheitern, und also ist es auch nur noch mit gräßlichen Vorführungen zu belehren.

Wir werden viel Kritik aus den eigenen Reihen bekommen. Daß wir uns damit abgeben! Viele Dandys sind eher bereit, mit spöttischem Lächeln unterzugehen, als sich mit diesen Drecksfiguren zu befassen und sich dabei zu beflekken. Natürlich befleckt man sich. Natürlich ist das ordinär. Aber man kann nicht auf hohem Niveau gegen das Ordinäre vorgehen. Und wer mir zuruft, ich hätte Schaum vorm Mund, dem antworte ich, daß ich genügend feine Taschentücher habe, mir den wieder abzuwischen. Lieber kurze Zeit vom Schaum der Wut entstellt, als noch mehr Entstellungen anderer Art: noch mehr Kinder mit zerfressenen Seveso-Gesichtern oder Glatzköpfige mit der tödlichen Blässe der Strahlen-Leukämie oder lebende, unidentifizierbare Napalmopfer. Wem die Zusammenhänge nicht einleuchten, wer unsere Herrschaften immer noch für freundliche und schuldlose Damen und Herren hält, der soll woanders Nachhilfe nehmen, ich bin es leid, immer wieder auf die Großkriminalität hinzuweisen, die jeder auf seine Art verdeckt. Einer mit seiner Tolpatschigkeit (Kohl), einer mit seiner Schnoddrigkeit (Lambsdorff), einer mit seinem

Blendaxlächeln (Dregger), einer mit seiner Urigkeit (Strauß). Das alles sind keine schlichten Schlitzohren, sondern in einem höheren Sinne Schwerverbrecher.

Die Tatsache gibt uns das moralische Recht, sie zu zwingen, sich ihre Ärsche zu lecken. Es ist die alte geniale Nummer der Aufklärung, die Realisierung einer klassischen Metapher. Immerhin von Goethe. Und wenn dem bayerischen oder sonst einem verfetteten oder auch ausgedörrten Ministerpräsidenten die ohnehin völlig folgsamen Goetheinstitute neuerdings nicht mehr loyal genug sind und wenn er darüber hinaus seine Hetzgosche aufreißt und fordert, die Kultur habe sich nach politischen Mehrheiten zu richten, dann ist es jetzt an der Zeit, ihn an den vor ihm knieenden Pinochet heranzuführen. Und wir werden unerbittlich darauf bestehen, daß die Urfassung von Goethes Götz von 1773 vollzogen wird: daß der Ministerpräsident *im* und nicht am Arsch des chilenischen Schergen schleckt. Und dieser wird *im* Arsch des amerikanischen Präsidenten schlecken müssen. Und die Ansicht des schlaffen US-Hinterteils wird dem Publikum endlich die wahre Verfallenheit dieses Mannes vor Augen führen, dessen gestraffte Gesichtszüge immerfort jugendfrische Drahtigkeit vortäuschen.

Und wenn die miesen Herrscher tot oder abgewählt sind, dann kommen ihre Nachfolger an die Reihe, sofern sie ihre Politik nicht besser machen. Die Verstorbenen müssen ab und zu gesondert vorgezeigt werden, nicht daß deren Taten in Vergessenheit geraten. So werden wir in Matinee-Vorstellungen mit Studenten- und Rentnerermäßigung auch die verblichenen Nachkriegsgangster wieder auferstehen lassen: Adenauer, Erhard, Lübke, dumm, fett und gerissen, wie sie waren, haben sie keine gute Erinnerung verdient. Wir wollen keine gelassene Geschichtsbetrachtung. Auch rückblickend wollen wir lieber wüten. Gab's nicht mal einen Bundeskanzler namens Kiesinger? Weiß jemand, ob der noch lebt? Auf alle Fälle muß auch der dicke Pompidou herbei; auch de Gaulle, Résistance hin oder her, der war einfach zu chauvinistisch. Churchill hopp, Stalin hopp, Ulbricht hopp, Chruschtschow hopp. Nur die Nazis kommen nicht dran; die sind auf diese harmlose Art nicht darstellbar.

Vielen ist dieses Spektakel zu plump. Wo bleibt die Distanz! Wahrhaftig, dies ist ein literarischer Wutanfall, bei dem die Distanz ins Hintertreffen geraten ist. Doch sage keiner, dies sei ein widerliches Spektakel. Kriegsmassaker sind widerlich, nicht die Verwünschung derer, die sie nicht verhindern. Alle haben sie damit zu tun. Und so führen wir die ganze Bande an Leinen im Kreis herum. Es ist keine schöne Demonstration. Auch der Vorgänger des Kanzlers muß kurz einmal aufs internationale Podium. Wir entschuldigen uns förmlich bei ihm. Sein Auftritt tut uns richtig weh, aber es muß sein. Was hat auch dieser Mann für Mist gemacht. Das kann nicht völlig ungesühnt bleiben, bloß weil er nicht so schlimm aussieht wie die anderen und passablere Umgangsformen hat. Auch Richard Nixon muß mitmachen. Der tut uns schon weniger leid. So schnell vergessen wir nicht. Der Wirtschaftsminister (Bangemann) kriecht wie ein aufgedunsener Engerling hinter dem grauenvollsten Mann Südafrikas her (Botha), und wir müssen wieder einmal von unserem Stöckchen Gebrauch machen, weil er das Götz-Zitat nicht korrekt ausführen mag: *im* Arsch ist zu lecken.

Eine peinliche und unappetitliche Revue. Es macht keinen Spaß, hier Regie zu führen. Wir sind nicht schadenfroh. Wir sind nicht analfixiert. Wir sind nicht sadistisch. Kein Haß. Manche tun uns leid, wie sie da wie alte traurige Zirkuselefanten auf den Knien im Kreis herumrutschen. Pardon, es kann kein reines Vergnügen sein, diese schauerliche Politrevue zu betrachten. Es ist ein Experiment. Wir wissen keinen anderen Rat. Es ist eine harte Lehrdemonstration. Aber es ist vergleichsweise harmlos. Es ist ein Versuch. Wenn die Folgen einer Atomverseuchung vorgeführt werden, ist zu wenig Lerneffekt gegeben. Die besten Schauspieler können von den besten Maskenbildnern als Strahlenopfer zurechtgemacht werden und ihre Todesangst herausschreien – es wirkt doch immer noch kitschig. Es ist immer noch nicht gemein genug. Erst wenn wir die verantwortlichen Machthaber entblößt und namentlich darstellen, begeben wir uns in den Bereich der Gemeinheit, in dem sich diese Personen ja unentwegt aufhalten. Erst in diesem Bereich sind sie verwundbar. Erst hier glotzen sie wirklich wie Angestochene und haben das Gefühl, es sich nicht bieten lassen zu können. Erst hier hört der Staatsanwalt auf, sich bürosexuell an jene Frau zu erinnern, die ihm vorgestern auf einer Party begegnete. Er denkt wieder an seine Familie und sein Haus und an sein Ziel, diesen Scheißjob als Schnüffler in verfassungsfeindlichen Schriften so bald wie möglich hinter sich zu bringen, um Gerichtspräsident zu werden, als welcher er endlich wieder seine innerste Liberalität entfalten zu können hofft. Und eben dazu muß er seinen Vorgesetzten wieder mal einen Fall auf den Tisch legen. Aber die Auseinandersetzung mit dem Staatsanwalt ist nicht das Ziel unserer drastischen und im übrigen ziemlich gewaltlosen Demonstration, sondern nur deren mögliche Folge.

Versonnen rührt der Staatsanwalt in seiner Teetasse und schaut aus dem Fenster. Er ist Anwalt eines Staates, dessen Kanzler soeben den Staatschef der Russen mit Goebbels verglichen hat, um dann tagelang zu behaupten, das sei nicht so gemeint gewesen. Ob dem Staatsanwalt klar ist, daß diese grandiose historische Dummheit mitsamt der ungeheuerlichen Beleidigung alles überbietet, was in der Schrift, die vor ihm liegt, an Beleidigungen enthalten ist, und daß solche Unverschämtheiten solcher Machthaber beleidigende literarische Wutanfälle nötig machen? Keinesfalls klar ist ihm und vielen anderen Bürgern, daß der Staat sich täglich ganz unspektakulär als unzumutbar erweist, egal ob es geduldete

Investitionen in Südafrika sind, mit denen bekanntlich das Abschlachten der Schwarzen gefördert wird, oder die Anhäufung von militärischem und industriellem Vernichtungspotential.

Das Prügeln und Leckenlassen der nackten Ärsche dient als simples Gleichnis zur Volksaufklärung. Wir haben es lange mit feineren Mitteln versucht, sie wollten nicht hören. Irgendwer muß die Fäulnis im Hirn der Machthaber mal irgendwie allgemeinverständlich sichtbar machen. Auch das ist ein Scheißjob. Erst ein Wutanfall gibt einem die Kraft, um diese Bande laut genug anschreien und auspeitschen zu können. Es ist Zeit für einen Wutschrei. Und keine Angst: die Blässe des Zorns steht uns gut; sie ist schöner als dieser ewige Spott um den Mund.

Unsere Aufführung ist weder besonders komisch noch besonders geistvoll; es kann aber nicht immer alles geistvoll und komisch sein. Wir werden das Stück so lange aufführen, bis keiner der Darsteller sich jemals wieder in der Öffentlichkeit sehen lassen kann. Irgendwann wird es einigen vielleicht dämmern in ihren dummen Schweinsschädeln, daß wir sie nicht mehr so grausam quälen, wenn sie ihre Schweinsraketen wegwerfen und ihre Schweinskraftwerke stillegen.

Als Spielvorlage für unsere Lehrvorführungen benutzen wir neben Klassikern übrigens vor allem Märchen. Märchen sind beliebt und allgemein verständlich.

Mit den Märchen der Brüder Grimm fangen wir an. Wenn die Nummer mit dem Knüppel aus dem Sack nicht ausreicht, die Herrscher und ihre Wähler zur Raison zu bringen, dann werden wir irgendwann zu den norwegischen Märchen übergehen. Dort wird nicht nur geprügelt und geköpft, dort setzt man seinen Feinden ein leckeres Fleischgericht vor und verrät ihnen nachher, daß sie eigene Angehörige und Gesinnungsgenossen verzehrt haben. Die hat man vorher in zwei Hälften geteilt, die eine Hälfte hat man gesotten, die andere gebraten, damit alle Geschmäcker befriedigt werden. Hinter diesem grausigen Einfall steht nichts als die verborgene Wut des Volksmunds auf seine Herrscher. Um diese zu erschrecken, würden wir nicht davor zurückschrecken, auch diese Märchen mit Bildern von heute zu versehen. Es gibt Politiker, die sich effektvoll darstellen ließen, wenn sie prustend, zappelnd und immer röter werdend in großen Pötten hockten und bettelten, daß man sie nicht garkochen möge.

Wenn wir uns auch das Recht auf gelegentliche Wutanfälle herausnehmen, so sagen wir doch nicht den Prinzipien der Gelassenheit ade. Als Dandys wissen wir, was sich gehört. Wir sind nicht gnadenlos. Auch das lehren die Märchen, wie schön es ist, Milde walten zu lassen. »Ihr solltet«, sagt in einem spanischen Märchen ein tapferer Mann zu einem seiner Gefangenen, »Ihr solltet nicht diese traurige Miene machen, in unserem bewegten Leben ist es so, daß man das eine Mal siegt und das andere Mal verliert.« – Doch der Gefangene murmelt nur immer wieder einen Namen vor sich hin: »Evita«. Er ist nur deswegen so betrübt, weil er auf dem Weg war, nach Jahren der Sehnsucht endlich seine Geliebte heimzuholen. Als er dies seinem Überwinder eröffnet, läßt dieser ihn sofort frei und gibt ihm sein schnellstes Pferd. Der eben noch Gefangene will sich seinem Retter dankbar zu Füßen werfen. »Doch dieser hinderte ihn daran und ermahnte ihn, keine Zeit zu verlieren und sogleich aufzubrechen.«

Auch wir würden gern verliebten Widersachern gegenüber Edelmut walten lassen. Nur ist zu befürchten, daß unsere Gefangenen gar nicht mehr wissen, was Liebe ist.

◆◆◆◆◆◆◆

WARUM ICH NICHTS WEGWERFE

Immer häufiger habe ich Existenzkrisen. Ich habe nicht Weltängste, und es ist auch nicht so, daß mir alles leer und vergeblich vorkommt, daß ich endgültig an mir verzweifle – das alles nicht. Die großen philosophischen Fragen habe ich mit der Pubertät abgestreift, was übrigens nicht unbedingt ein Vorteil ist und mich vermutlich demnächst zu einem Aufsatz anregen wird, in dem endlich begründet werden soll, warum ich trotzdem pubertär sein will; denn alles so richtig schön sinnlos finden, war ein erhebendes Gefühl, soweit ich mich erinnere. Aber die Frage nach dem Sinn des Lebens ist ein Nichts und reinste Kinderei, verglichen mit der Frage, die mich periodisch martert und von der mein gelegentliches Unglück herrührt: ich sitze in einem Chaos und frage mich: Was hebe ich auf, was werfe ich weg?

Ich weiß, daß über diese Frage vielfach gestöhnt wird. Aber ich maße mir die Behauptung an, daß es den meisten Leuten, die sich in dieser Schwierigkeit befinden, nicht so ernst ist wie mir. Bei denen schluckt nach einer kurzen Minute der Beschaulichkeit die Mülltonne dann doch die abgestoßenen Dinge; Altpapierabholdienste und Altkleidersammelaktionen karitativer Vereine tun ein übriges, den ordentlichen Haushalt regelmäßig zu entsorgen.

Mir aber geht es an die Substanz. Nicht die Sinnlosigkeit des Daseins ist das Fatale, sondern die Überfülle an Sinn.

Mit den Zeitungen fängt es an. Ein dummes Sprichwort sagt, es sei nichts älter als die Zeitung von gestern. Leider, leider ist das nicht wahr. Je älter die Zeitungen werden, desto interessanter werden sie auch. Nichts ist spannender und aufschlußreicher, als in einer zehn bis zwanzig Jahre alten Zeitung zu blättern. Selbst belanglose Lokalmeldungen entfalten jetzt eine historische Dimension, ganz zu schweigen von der Werbung: Der Schnitt der Hosen und der Haare erinnert uns so grausig-wohlig an das, was wir einmal waren.

Nun könnte nur ein Idiot alle Zeitungen aufbewahren. Ich hebe nur auf, was mich brennend interessiert oder ergötzt, doch das ist schon zu viel und schwillt an und wird undurchschaubar. Dabei geht es mir natürlich nicht um die nüchternen Fakten der Tagespolitik, die ich schon ein Jahr später in einem fixen Sammelband nachlesen könnte, sondern um die kleineren Delikatessen, die sich auch in der blödesten Zeitung finden, wenn man die Augen aufmacht. So ist es nicht schlecht, sich die besten der unsäglich dummen Erklärungen der Kanzler und Präsidenten als Belastungsmaterial beiseite zu legen; denn dieser beredte Quatsch wird nicht in die Geschichtsbücher eingehen.

Aber auch Erfreuliches findet sich: Es unterlaufen den Journalisten gelegentlich großartige Sätze, die einfach zu schade sind, in Vergessenheit zu geraten, Sätze, die, obwohl hunderttausendfach gedruckt, gleich wieder hunderttausendfach vernichtet werden. Wenigstens ein Mensch sollte sie vor der Papiermühle retten. Es sind natürlich, wie man sich vorstellen kann, Sätze, die ich selbst gern geschrieben hätte.

Ich hocke am Boden, denn auf meinem Sessel ist kein Platz; dort stapeln sich Zeitungen von etwa vier Wochen. Irgendwo in diesem Haufen steckt eine Filmkritik, in der ein Satz ist, der ungefähr so geht: *Und falsch heiße uns jede Wahrheit, bei der es nicht ein Gelächter gab.* Ich möchte diesen Satz gern finden und ausschneiden, weil er in Wirklichkeit noch viel besser war. Aber ich habe weder Zeit noch die Nerven, diesen riesigen Haufen Papier durchzublättern. Also werde ich ihn auf den Speicher stellen, für später mal. Da steht schon ein anderer Stapel, in dem irgendwo ein anderer Satz sein muß, der in etwa so lautet: *Die Welt, wenn auch ungewiß, besteht nun mal nicht nur aus Nebel und Dunst.* Sehr gut.

Ich habe übrigens keine Zeit, in den alten Zeitungen herumzusuchen, weil ich heute meinen Kleiderschrank ausmisten wollte. Obwohl ich jetzt schon weiß, daß ich keine der fünf durchgeschabten Hosen und keines der Jacketts wegwerfen werde. Jedes Stück erinnert mich an meine Vergangenheit. Barbarisch, wegzuwerfen, worin einst ein Tanzstundenherz klopfte.

Mein Lamento klingt womöglich ganz beschwingt? Aber es ist entsetzlich, ich ersticke an meinen Sachen, von denen ich mich nicht trennen mag. Lauter Mist. Nichts, was einen Pfennig wert wäre, und doch ist es mir so kostbar.

Und doch ersticke ich lieber, als alles preiszugeben. Es ist furchtbar, aus seinem Haus ein Museum zu machen, aber es ist erbarmungslos, sich von allem zu trennen, was einem je lieb war. Ich mag Leute nicht, die alles wegwerfen. Sie werfen auch ihre Erinnerung weg. Sie wollen vergessen. Sie wollen ein neues Leben anfangen, unbeschwert von alter Last. Heute schmeißt man am besten alles weg: treue Mitarbeiter, weil sonst der ganze Betrieb kaputtgeht, völlig intakte Autos und Toaströster, weil die Reparatur sich nicht lohnt. – Besonders gern hat man vor einiger Zeit seine Nazivergangenheit weggeworfen.

Die Wegwerfer treiben die Welt voran. Weil sie vergessen können. Unbeschwert von den Lasten der Erinnerung schreiten sie in die Zukunft. Sie sind flüchtig. Sie sind intelligent. Denn es ist ja das Wesen der Intelligenz, auswählen zu können. Interlegere heißt wohl auswählen, das Wichtige vom Unwichtigen trennen. Leider kann ich mein lateinisches Lexikon nicht finden, wenn man alles aufhebt, findet man nichts mehr. Ich habe es nicht weggeworfen, obwohl ich es haßte; aber auch an die verhaßte Schule muß man sich erinnern. Nichts soll vergessen werden.

An dieser Stelle kann ich wieder einmal einen Einfall loswerden: Der Computer wurde von Leuten erfunden, die sich Gedanken machten, wie man Erinnerung am besten aufhebt; wie man all die vielen Dinge, die man nicht verlieren will, am ordentlichsten verstaut und wieder auffindbar macht. Richtig niedlich, daß man auch bei diesem elektronischen Monster noch von einem »Speicher« spricht, ganz so als handle es sich um einen gemütlichen Dachboden. All die seltsamen Leute, die kultisch mit der Aufheberei ihrer Dinge beschäftigt waren, sind nun ganz närrisch nach ihren Heimcomputern. Sie glauben hier nun ihr ideales System gefunden zu haben. Das ist natürlich ein großer Irrtum. Und es gehört nicht besonders viel prophetisches Talent zu der Prognose, daß in einem guten Jahrzehnt das große Heulen über die EDV-Erfassung beginnt. Die ist nicht etwa teuflisch, sondern nur kurzsichtig. Sie hat in ihrem Eifer übersehen, daß es auf die karge Speicherung der Daten gar nicht ankommt. Es ist derselbe Fehler, den der Funktionalismus in der Architektur gemacht hat. Kein Asylant will heute mehr in einer Funktionskiste von Le Corbusier wohnen. Es war eine Eierkopfidee, daß rein funktionalistische Bauten auf die Dauer bewohnbar seien. Da fehlt das Fluidum. Und wenn ich einem Bildschirm die tollsten, längst verschollen geglaubten Daten entlockte, so fehlte ihnen doch ihr Körper; sie sind längst nicht mehr das, was sie einmal waren. Sie sind entmaterialisiert. Selbst die blasseste Erinnerung an einen Zeitungsartikel ist mehr wert als das korrekte Zitat auf dem Bildschirm.

Ich weiß noch, wie der Tee schmeckte und wie trübe das Wetter war, als ich vor etwa 15 Jahren in der Wüste einer Tageszeitung folgenden Satz fand: *Ohne eine Fabrik im Hintergrund wird man leicht zum Zyniker.* Welche leuchtende Erkenntnis. So etwas darf nicht zum Altpapier. – Oder: *Ich bin auch ein Klugscheißer, aber ich verberge es.* Wie wunderbar, ich grüße Dich, ferner und vermutlich längst verstorbener

Autor. Deinen Satz bewahre ich in meinem Kopf und meinen Schachteln. – Oder: *Ich halte mich für vorgestrig und will auch gar nichts anderes sein.* Balsam in meinem Ohr. – Oder: *Das Zu-einem-Ende-Führen ist doch immer eine forcierte Sache. Ein Ende gibt es nicht.* Wie wahr! – Oder, was vor Jahren in irgendeinem Lokalteil stand, die Aussage eines jugendlichen Strafgefangenen, der sich verliebt hatte: *Jetzt ist es wieder nichts mit dem Selbstmord!* – Oder der Satz, den ich um 1970 herum aus einer Theaterkritik schnitt: *Wehmütig aus Angst vor dem endgültigen Begreifen, schön vor Entschlußlosigkeit, ein Zuschauer mitten in seiner eigenen Geschichte.* Das Stück, das der Kritiker damals gesehen hat, kann gar nicht so gut gewesen sein wie dieser Satz. – Oder: *Das kreisende Herumreden, das metaphysische Halbfaseln einer Seele.* Das ist es doch genau, was ich mache! – Oder, wieder eine Blüte aus dem Lokalteil: *Nirgendwo gehörte er hin. Er war kein Arbeiter. Er war kein Student. Er war offenbar gar nichts.* Ein Lokalreporter hat das geschrieben. Und Beckett kann es nicht besser. – So auch: *Aber es war schon zu spät. Er blieb gleichgültig und ließ sich treiben. Es lohnte sich nicht. Wozu auch?* – Wieviel Weisheit in allen diesen Sätzen. Auf dem Bildschirm würde ihr Sinn verflüchtigen. Es wäre Blödsinn, sie in einen Computer einzuspeichern. Diese Schnipsel müssen auf echten Speichern vergilben und verstauben. So werden sie von Jahr zu Jahr schönere und immer menschlichere Zeugnisse. Was sagte 1968 ein 71jähriger Rentner auf die Frage eines Boulevardzeitungsreporters: *»Sie machen doch wohl eine politische Umfrage, doch dafür kommen Sie bei mir zu spät. Ich habe solche Sachen wie Politik schon lange hinter mir, das ist nur interessant für junge Leute wie Sie zum Beispiel.«*

Wenn ich überhaupt jemals etwas beim Lesen fürs Leben gelernt habe, dann von diesen Sätzen, diesen gut formulierten Seufzern, diesem wunderbaren Hohn auf den waltenden Menschenverstand. Ich kann und will die Kisten und Kasten mit all den Schnipseln nicht wegwerfen, und nicht die Mappe mit Ausrissen über die wahren Schriftstellerprobleme, deren Prunkstück eine rot unterstrichene Schlagzeile der Bildzeitung ist: *Weinkrampf an der Schreibmaschine.* Das sind die wahren Dramen. – Oder die Annonce: *Romanmanuskript, hochinteressant, mit Urheberrechten preisw. zu verk. Angeb. u. ...* – Oder: *Suche alte, wenn auch altmodische Schreibmaschine. Möchte selbstverfaßten Roman in Reinschrift bringen, da Hände schon zu zittrig. Zuschriften unter »Romanschreiber 1970«* – Diese wunderbaren Sprüche, diese elementaren Sätze darf man weder in einem windigen Taschenbuch versammeln, damit sich ein paar Nonsense-Konsumenten darüber amüsieren, geschweige denn hätten sie auf der Diskette eines Heimcomputers ihren Platz. All die Kartons, die ich nie mehr öffnen werde, will ich aufheben, so lange, bis es mich wegfegt von hier. Meine Nachkommen beneide ich nicht um die vielen Fahrten zur Müllkippe, aber ich kann es nicht ändern. Nichts fliegt weg. Auch nicht der Karton mit den uralten Briefen.

Ich will nicht vergessen, welche kitschige Post ich bekommen habe, aus der hervorgeht, wie kitschig ich geschrieben habe. Auch das Peinliche muß bewahrt werden.

Und doch, wenn ich mich zwischen all den Kisten und Kasten nicht mehr bewegen kann, wenn ich kein Hemd mehr in den prallvollen Kleiderschrank mit all den unnützen Sachen zwängen kann, träume auch ich davon, all den Ballast von einer Klippe zu stoßen und locker in die Zukunft zu gehen. Das hat zweifellos etwas für sich. Wahrscheinlich kommt überhaupt nur der voran, der genügend abwirft. Aber eben dem fehlt die Erinnerung. Es ist dumm, alles aufzuheben, was einem etwas bedeutet. Man kommt nicht weiter so, man ist entwicklungsfeindlich; und das ist nicht ohne.

◆◆◆◆◆◆◆

WARUM ICH TROTZDEM KEINE ZEIT HABE

Die Haarspaltereien, die von Aristoteles bis heute über Raum und Zeit angestellt wurden, entsprechen wohl der Gier des Menschen, endlich einmal etwas ordentlich Meßbares ins große Daseinsdurcheinander zu bringen. Dabei ist die Zeit für die Philosophen ein größeres Problem als für die Uhrmacher. Ein Ding zu basteln, das stetig abläuft, hat sich als hilfreich für die Organisation des Alltags erwiesen, aber es mißachtet die Tatsache, daß eine Stunde auf die Liebste wartend länger dauert als eine Stunde mit ihr vereint. Möglicherweise gibt Einsteins Relativitätstheorie hier Aufschluß, ich habe die berühmte Schrift nie gelesen. Doch egal wie man die Zeit verbringt, die Stunde ist nicht mehr das, was sie früher einmal war. Kühn auf den ungelesenen Einstein aufbauend, will ich hier rasch die These einbringen, daß Zeit und Raum immer mehr schrumpfen. Ohne daß irgendeine Uhr es anzuzeigen vermöchte, ist die Stunde heute mindestens um 15 Minuten kürzer als vor 20 Jahren. Wie sonst wäre zu erklären, daß immer mehr Menschen zu spät mit ihrer Arbeit fertig werden? Das kann nicht allein deren falsche Selbsteinschätzung sein. Das muß etwas mit Lichtgeschwindigkeit und Erdmasse und solchem physikalischen Firlefanz zu tun haben!

Ich verlasse das Feld, von dem ich nichts verstehe, und kehre zu den verständlichen Plattitüden zurück: wir kommen zu nichts. Wer etwas zu tun hat, der hat zuviel zu tun, in allen Bereichen. Bei Ärzten muß man sich acht, neun, zehn Wochen vorher anmelden; in Autowerkstätten ist es nicht anders, bei Schustern, Schreinern ebenso; selbst Schriftsteller, um ein paar Zeilen gebeten, winken ab: keine Zeit jetzt.

So kann man zwischen echtem und vorgeschobenem Zeitmangel nicht mehr unterscheiden. Selbst Rentner haben keine Zeit, haben fest zugesagt, überübermorgen einen Hund auszuführen; von Hausfrauen ganz zu schweigen, die fahren fortwährend zwischen Schule, Kindergarten und Klavierlehrerin hin und her und haben keine Sekunde Zeit; wenn sie ein Kindermädchen haben, pendeln sie zwischen Töpferkurs, Hilfskomitee und Friseur.

Der Zeitmangel ist längst in den privaten Bereich eingedrungen. Kontakt zwischen Freunden und Liebsten besteht nur noch aus Zurufen. *Ich ruf dich an, wenn ich Zeit habe.* Und: *Wir sollten uns wirklich bald mal wieder richtig sehen.* Es bei diesem Klagelied über den zentraleuropäischen Zeitmangel zu belassen wäre allerdings wieder einmal provinzieller Wochenendfeuilletonismus, dem ich mit meinem Hang zum Ewigen immer wieder zu entrinnen versuche.

Es mag zwar fatal sein, wie wir uns hetzen lassen, noch schlimmer als alles Gehechel aber ist die neuerliche Behauptung, dies alles sei nur Einbildung. Zeit fürs Wesentliche sei genug da. Man müsse sie sich nur nehmen.

Da jedem die Zeit zu knapp ist, ist der Drang nach einem Zaubermittel am größten dort, wo Zeit am meisten mit Geld gleichgesetzt wird, also im Geschäftsleben. Die Groß- und Klein- und Möchtegernmanager, die am Rande des Zusammenbruchs stehen und in täglich 18 Arbeitsstunden ihren Schreibtisch nicht leer kriegen, sinnen auf Abhilfe. Hierzu gibt es Seminare. Die Leiter solcher Seminare funkeln die Teilnehmer magisch an und reden den verdatterten Abteilungsleitern ein, daß es das gar nicht gebe, *keine Zeit.* Zeit sei reichlich vorhanden, man müsse nur wirklich wollen. Sie würzen ihre Reden mit etwas Nietzsche und Konfuzius, die Manager gehen nach Hause und haben das Gefühl, nun werde alles anders. Fortan akzeptieren sie nicht mehr das Argument, es sei keine Zeit, und mögen die Angestellten noch so jammern.

Schlimmer als diese irrationale Methode, die ohnehin bald versagt, weil der Zeitdruck nur nach unten weitergegeben wird, sind die praktischen Organisationsmethoden, Ergebnisse modernster Arbeitstechnologie, erprobt von 30 000 führenden Angestellten der US-Firma Lockheed, die nun den ertrinkenden Europäern als Rettungsringe zugeworfen werden. Höchste Effektivität durch Aktivitätencheckliste und damit kreativ nutzbare Freizeit wird versprochen, selbst Sport ist zeitlich wieder möglich, wenn man sich für 250 Mark einen Superterminkalender plus Reisekarteikasten zulegt. Der Tagesplan, den es auszufüllen gilt, ähnelt dem Formular der Steuererklärung. Genauestens müssen die Blätter täglich ausgefüllt werden, Termine müssen nach Aufgabenbereichen, Prioritäten, Kontakt und Statistik sorgsam unterteilt werden, dann wird an Zeit kein Mangel mehr herrschen.

Das Infame ist hier nicht die Schaumschlägerei, mit der kunstlederner Mist an den Mann gebracht werden soll, sondern der grundsätzliche Irrtum, mit Zeiteinteilungen könne man Zeit gewinnen. Der Terminkalender ist es ja, der sein furchtbares Netz über uns zusammenzieht und der uns genau die Zeit raubt, die er uns zu versprechen vorgibt. Die Planung ist es, die uns erdrosselt. Unser ganzer Lebensablauf besteht nur noch aus Buchen, Stornieren und Termine machen.

Die Vorstellung, in zwei Monaten um 15 Uhr 30 da und drei Wochen später um 17 Uhr 45 dort zu sein, was sich eventuell mit dem Zahnarzttermin um 18 Uhr 20 verbinden ließe, ist irgendwie nicht erheiternd. Auch daß in einem dreiviertel Jahr um 11 Uhr 10 das Flugzeug in den Urlaub startet, vermittelt kein Gefühl von Freiheit und Weite. Eine Woche vorher ist die Premiere im Festspielhaus nicht zu vergessen. Am besten 5 Tage vorher in die Rubrik Privates »Anzug reinigen« eintragen. Gegen diesen Grad von tatsächlich vorhandener

Verplanung ist die Datenpreisgabe der gefürchteten Volkszählung der reinste Märchenwitz.

Mit der Einteilerei und Vorausplanung läßt sich keine Zeit gewinnen. Zeit kann man nur verlieren, es hat keinen Sinn, sich dagegen zu wehren. Jeder Versuch, mit einem Ordnungssystem Zeit zu gewinnen, zieht die Schlinge nur fester zu. Man hat dann zwar theoretisch Zeit, aber praktisch keine Termine frei. Dann lieber keine Zeit haben, aber sich trotzdem treffen. Nicht mit Planung kommt man der Zeitknappheit bei, sondern mit Chaos. Die vielgepriesene Konzentration auf das Wesentliche, mit der angeblich so viel Zeit gespart werden kann, ist nichts anderes als Verbohrtheit.

Was ist eigentlich das Wesentliche? Das ist mir ganz entfallen. Ist doch besser, gemütlich abzuschweifen und seine Zeit mit Beiläufigkeiten zu verplempern, um dann in rasender Geschwindigkeit das Wichtigste zu machen. Gekonnte Hetze hält beweglicher als Ausgleichssport.

◆◆◆◆◆◆◆

◆◆◆◆◆◆◆◆◆◆◆◆◆◆ WARUM ◆◆◆◆◆◆◆◆◆◆◆◆◆◆ ICH LINKS UND RECHTS TROTZDEM NICHT VERWECHSLE

Eine Zeitlang sah es so aus, als bahnte sich unter dem Druck der Verhältnisse die große Versöhnung der Ideologien an. Die Konservativen erklärten sich zu Fortschrittlichen, weil nur das Bewahren die Welt weiterbrächte. In den Wochenendbeilagen der Zeitungen reichten sich Rechte und Linke zaghaft die feuchten Friedenshändchen: Jetzt müsse man zusammenhalten und retten, was zu retten sei; »konservativ« war für viele Linke kein Schimpfwort mehr.

Fast wäre ich damals in den 70er Jahren ein Opfer dieses Zusammenrückens geworden. Schon plante ich die Abfassung einer Flug- und Schmähschrift des Inhalts, warum ich trotzdem konservativ geworden sei. Nach bewährtem Strickmuster hätte ich kein gutes Haar an den Konservativen gelassen, hätte ihre flanellne Bedächtigkeit mit Schmutz beworfen, hätte ihr knöchernes Pochen auf die ewigen Werte der Menschheit als infames Wertpapierdenken entlarvt – aber immer auf meine unselige Art, nämlich so, daß selbst den schlimmsten meiner Feinde bei der Lektüre das Schmunzeln der Selbsterkenntnis übers Gesicht geflogen wäre; abschließend hätte ich mich dann zu dem ironischen Aufruf hinreißen lassen, es helfe nichts, meine Damen und Herren, so wenig uns diese Scheusale und Langweiler behagten, man müsse sich einen Teil ihres Denkens zu eigen machen, in manchen Punkten hätten sie recht: Das konservative Belassen eines alten Villenviertels sei zwar nicht so sozial wie Abriß und Neubau – aber dennoch wünschenswerter.

Ein gnädiges Schicksal oder mein Instinkt haben mich davor bewahrt, diesen Text zu schreiben, den ich heute als

Schandfleck meiner Biografie empfände. Nicht daß ich heute gegen feudales Villenleben wäre. Es ist mein Traum. Aber ich hätte, umnebelt vom trüben Geist der Zeit, das Unvertretbare an den Konservativen ganz vergessen, das Tückische, das selbst das ironische Liebäugeln mit ihrer Haltung verbietet: denn mit oder ohne ihr Wissen erkaufen sie sich ihr behagliches Bewahren damit, daß andernorts mit ihrem Geld Bewahrenswertes zerstört wird, seien es Urwälder in Brasilien oder Abertausende von Menschenleben, die durch Waffen ausgelöscht werden, deren schwungvoller Absatz im Krisenherd erst den nötigen Gewinn für ein gemütliches konservatives Leben daheim abwirft.

Eine noch klebrigere Scheineinigkeit zwischen Rechten und Linken entstand durch die ähnlich lautende Kritik am real existierenden Sozialismus. Die unorthodoxen Linken hatten nach kurzem Schnuppern befunden, daß weder in Kuba noch in China, schon gar nicht in der Sowjetunion das Paradies auf Erden entstehen werde. Die DDR erschien ihnen in plötzlicher Erleuchtung als ein hundsgemeiner Staat mit mittelalterlichen Bestimmungen und einer menschenverachtenden Innenpolitik. Dies war exakt das Urteil der strammen Rechten. Dachten, von den letzten verbohrten Unabtrünnigen abgesehen, auf einmal alle gleich? War die politische Farbe einerlei geworden, und gab es so etwas wie eine übergeordnete Intelligenz, die einen verband? Aus dem Mund ehemaliger APO-Leute konnte man über ultrarechte Figuren wie Strauß und Dregger immer häufiger den Satz hören: Der sagt wie es ist: Die DDR ist ein Saftladen. Der sagt wie's ist. Der Mann hat recht.

Hat er eben nicht. Natürlich ist die DDR ein Saftladen. Aber es kommt nicht nur auf den Inhalt der Kritik an, sondern auch darauf, aus welcher Ecke sie stammt.

Eine Rose ist eine Rose ist eine Rose? Eben nicht. Gertrude Steins Erkenntnis ist nicht nur langweilig, sondern auch falsch, und es ist wieder einmal typisch, daß sie sich derart durchgesetzt hat. Eine Rose ist keine Rose, und ein System ist kein System, und ein Furz ist kein Furz. Bei letzterem wird es am deutlichsten: Der nämliche Furz wirkt an verschiedenen Orten verschieden: peinlich in der einen Gesellschaft, komisch in der anderen; selbstverständlich hier, belästigend dort. Der Ort einer Äußerung und die Person, die sich äußert, sind mindestens ebenso wichtig wie der Inhalt der Äußerung.

Weil das andere System nichts taugt, atmet der Rechte befriedigt durch, bläst sich auf und stellt den Kapitalismus wortlos, aber mit sichtlicher Genugtuung als Ernährer der Menschheit hin, obwohl doch jedermann weiß, daß ein einziger Börsenknall alles wegpusten kann.

»Saftladen« sagt auch der Linke beim Blick auf Wachtürme und Stacheldraht; auch er atmet durch, aber enttäuscht. Von verschiedenerer Warte könnte dasselbe Urteil nicht kommen, und es stinkt zum Himmel, wenn es sich zusammentut. Schlimmer noch ist es mit dem Beifall. Ich spreche aus Erfahrung. Wenn ich die alten Linken verspotte, dann nicht von rechts. Ich bin nicht beim Bayerischen Rundfunk. Es lachen aber auch die Rechten. Hahaha.

Sie rufen mich an und loben mich und sagen, ich sei wirklich im besten Sinne konservativ. Nicht zu fassen, sage ich, was denn mit meinen Wutanfällen gegen diesen Vollmond von Kanzler, gegen diese Kohlrabis von Ministern und Ministerpräsidenten sei, wie man hier zu meinen Ausführungen stünde? Und ich erfahre zu meiner Überraschung, Kritik von so intelligenter, von so wertkonservativer Seite sei durchaus berechtigt, ja nahezu erwünscht.

Mein Buch gehört mir! Wo kann ich verbieten lassen, daß Rechte über meine Witzchen lachen? Ich will keine falsche Verbrüderung. Oder ist es verbindend, daß von beiden Seiten gelacht werden kann? Soll ich mir vormachen, wer lacht, sei immer auf meiner Seite? Aber auf welcher Seite bin ich denn?

Obwohl ich auf anmaßende Bekenntnisse keinerlei Lust habe, sei es im Interesse der Sache trotzdem gestanden: Weil man allenfalls mal vor langer Zeit so blöd war, an gleiches Glück für alle zu glauben, weil man seine linke Vergangenheit schon fast wie eine Sünde bewältigen muß, weil heute kein Mensch mehr links sein will: will ich es.

Die politische Standortfrage ist in Verwirrung geraten. Die alte Linke ist ein Haufen erinnerungsseliger, schicker oder zerlumpter, sich bezichtigender Leute geworden, die ihre teuren Autos möglichst weit weg vom Treffpunkt parken und nach jedem Glas Rotwein unsicherer, blasser und uneiniger werden. Die neuen Rechten stellen Autos auf den Bürgersteig vor dem Lokal, in dem sie nach jedem Glas rotbackiger, einiger und sicherer werden.

Es ist an der Zeit, Farbe zu bekennen und etwas auszurufen. Hier endlich, ehe ich mich wieder in weltpolitischen Skeptizismus zurückziehe, erschalle unüberhörbar der Ruf nach einer dringend benötigten neuen Linken, die mit Witz und Schärfe gegen die unerträglich gewordene Selbstgefälligkeit der neuen Rechten zu Felde zieht.

Und nun vernehme ich, daß mittlerweile irgendein aufrechter Sozialdemokrat ein ganzes Buch im Sinne meines Aufrufs geschrieben hat, den deswegen zurückzunehmen ich irgendwie halbherzig fände. Vielmehr gibt mir das die Möglichkeit zu folgender Klarstellung: Zum Teufel mit den Parteien. Bei dem Wort Parteifreund dreht sich mir der Magen um.

Ich mag keine Parteien und auch keine politischen Positionsbekenntnisse. Wenn einer mit dem kaum verhohlenen Blick des Aufstands gesteht: Ich bin links, dann ist das schon sehr keck und aufdringlich und natürlich auch widerlegbar. Der gute Mann braucht nur ein Konto zu haben, und schon könnte ich ihm vorhalten, daß er die Bank unterstützt, die damit kriminell investiert und so das Elend in der Dritten

Welt fördert. – Die Linken sind immer inkonsequent, sie haben selten recht. Und eben deswegen sind sie mir weniger unsympathisch als die Rechten.

Wer sagt, er sei rechts, dessen Nähe ekelt mich. Er ist nicht nur rechts, er hat auf seine Weise recht damit. Natürlich funktioniert der Kapitalismus besser als der Kommunismus. Schon wie er das rechthaberisch verschweigt, kann ich nicht vertragen. Der Kapitalismus beruht auf Erpressung, das war schon immer das funktionstüchtigere System. Aber deswegen brauche ich es doch nicht gut zu finden. Ich lebe lieber hier als im Ostblock, nicht zuletzt, weil man hier besser stänkern kann. Wer aber sagt, er sei rechts, bejaht auch noch diese ganze Leistungserpressungsmaschine, und das geht zu weit.

Links oder rechts, das ist eher eine Wesens- als eine Parteienfrage. Der linke Typ nervt, der rechte ist unsympathisch. Wenn die beiden sich streiten, halte ich immer zum linken, auch wenn ich denke, daß wieder mal der rechte recht hat. Ich mag keine Rechthaber.

Links sein heißt, sich nichts bieten lassen. Nein, das stimmt nicht, auch die Rechten lassen sich nichts bieten. Ich präzisiere: Links sein heißt: sich von bestimmten Leuten nichts bieten zu lassen. Und links sein heißt, nach Sätzen wie dem letzten hier nicht »kapiert« zu schreiben oder zu sagen. Daran ist der rechte Charakter auch erkennbar, daß er auf seine Aussagen noch einmal draufdrückt, anstatt sie in Frage zu stellen, wie sich's gehört für einen intelligenten Menschen. Überall drückt der Rechte drauf, nicht nur auf seine Worte. Er drückt auf sein Gaspedal und auf seine Angestellten, auf seine Kinder und auf seine Frau.

Und unerträglich ist auch der immer wieder zitierte gönnerhafte Ausspruch von jenem Mann, der froh sein kann, daß er nicht mehr lebt, denn ich wäre gern rabiat über ihn hergefallen – ich denke an Churchill, der gesagt haben soll, jaja in der Jugend müsse jeder anständige Mensch Sozialist gewesen sein, im reiferen Alter käme man dann schon auf die rechte konservative Bahn. Dieser Spruch, mit dem sich alle rechten Eltern von linken Kindern 1968 getröstet haben, ist nicht ohne Sinn und Erfahrung. Ganz eindeutig bekommen die Ansichten mit zunehmendem Alter einen Rechtsdrall. Es ist, als drehe sich die Welt rechtsherum, zöge alles mit sich. Das braucht man sich nicht gefallen zu lassen. Leuten, die man vor zehn Jahren noch bei gewissen Sätzen vor die Tür geworfen hätte, schenkt man heute seelenruhig Wein nach und beschränkt sich auf eine spöttische Bemerkung. Ein peinlicher Verfall. Und eben deswegen habe ich beschlossen: Wenn ich schon älter werden muß, dann will ich jedes Jahr sturer die linke Position vertreten, schon um dieser elenden Wesensverfettung und diesen Besserwissern die Stirn zu bieten.

◆◆◆◆◆◆◆

◆◆◆◆◆◆◆◆◆◆◆◆◆◆◆ WARUM ◆◆◆◆◆◆◆◆◆◆◆◆◆◆◆ ICH EIN HEUCHLER BIN

Wer ab und zu halbwegs gekonnt seinen Kragen platzen läßt, der wird gern für spontan gehalten. Nichts da. Ich liebe Spontis sehr, aber ich glaube nicht an Spontaneität. Allerdings glaube ich an fast gar nichts.

Wir sind aber heute nicht versammelt, meine Damen und Herren, um über Spontaneität zu sprechen. Ein andermal, unbedingt. Ich habe hier ein älteres Thema auf meiner ganz unspontanen Warteliste stehen, das endlich abgehandelt werden will.

Es geht um Wahrheit und Lüge. Das ist wieder mal eine uralte Frage. Kein Philosoph von der Antike bis heute, der sich nicht dazu geäußert hätte. Meines Wissens wie immer ohne das geringste Ergebnis. Auch die Bibel hält ein paar ihrer typischen Drohungen parat, und spätere Kirchenschriften geben dazu reichlich ihren Senf. Die Sache ist von allen Seiten abgelutscht.

War es ein letzter Aufschrei des Philosophen in mir? Vor einigen Jahren fühlte auch ich den Drang, meine Stimme zu diesem Problem zu erheben. Es war mir aufgefallen, daß ich, wohin ich hörte, die Worte *Offenheit* und *Klarheit* vernahm. Politiker begannen fast jeden ihrer berühmten Sätze mit der Wendung, es könne in aller Klarheit gesagt werden, daß die Gespräche in aller Offenheit stattgefunden hätten. Analog zu solchen Bekenntnissen gedieh in diesem Klima der Offenheit im Volksmund der Paradespruch, mit dem sich noch immer Frohnaturen unentwegt über die undurchsichtige Lage hinwegmogeln: *Alles klar.* Zwei Worte, gegen die ich jahrelang mit mäßigem Erfolg einen Kleinkrieg führte und über die mittlerweile schon jeder bessere Provinzfeuilletonist ein Glößchen abgesondert hat.

Der Glaube an die Heilkraft der Offenheit beherrschte auch die Ehen und die wie immer gearteten Partnerbeziehungen. Jede Krise wurde mit den Worten beschwichtigt, man müsse demnächst offen darüber reden. Dann warf man sich in unbedarftem Optimismus Dreck ins Gesicht. Die Wahrheit ist nämlich nicht sauber. In der Politik besteht sie aus ungewaschenen Schmierspenden, in Ehen aus schmutziger Wäsche. Die Wahrheit ist peinlich. Sie wird meist nur unter Druck preisgegeben. Sie ist eine Affäre. Wer Offenheit verspricht, lügt wie gedruckt.

Die Wahrheit ist fast immer auch völlig unnötig. Manche aber glauben es ihrem aufrechten Charakter schuldig zu sein, bei jeder nur denkbaren Gelegenheit lauthals zu verkünden, daß das Essen nicht schmeckt; und dann machen sie auch noch irgendeinem armen Englischlehrer weis, sein Akzent sei saumäßig.

Auch die Werbung macht sich seit einiger Zeit die allgemeine Offenheit zunutze und rempelt den Verbraucher kumpelhaft an. Sie versichert ihm, daß die Schreibmaschine, das Sofa, das Auto keineswegs das allerbeste sei; überhaupt sei alles ganz unmöglich. Unter diesem Vorzeichen kaufen Millionen von Kunden den größten Schrott und sind mit miserablen Kommoden und widerlichen Schlafzimmerschränken glücklich. Durch die scheinbare Ehrlichkeit ihres saloppen Hoflieferanten nehmen sie den Betrug nicht wahr.

Daher also plante ich die ultimative Attacke gegen die waltende Offenheit. Doch kaum begann ich meine tödlichen Argumente zu sammeln, mußte ich feststellen, daß ich nicht allein war. Ganze Scharen von Dichtern und Denkern widmeten sich mit einemmal meinem Thema. Die Literaten besannen sich, daß große Literatur seit jeher Lüge war. Die Lüge sei eigentlich die Wahrheit. Dies etwa war der Tenor der blitzenden Aufsätze, die nun geschrieben wurden. Selbst Symposien wurden veranstaltet. Im österreichischen Graz beschäftigte sich die intellektuelle Prominenz eine ganze herbstliche Woche lang mit der Ehrenrettung der Lüge.

Man will ja immer ein Vorreiter sein. Daher war ich über die gedankliche Solidarität nicht glücklich. Offenheit war nunmehr von den Trendmeistern als etwas für die Allerdümmsten und Kleinkariertesten erkannt worden. Damit war mir mein schönes Thema weggeschwommen. Nach der nervtötenden Neuen Offenheit schien sich also das Zeitalter der Neuen Lügen anzubahnen. Und das war die Rettung. Denn auch hiergegen würde sich allerlei vorbringen lassen. Nicht zuletzt nämlich gerät die Logik aus den Fugen, wenn man zu lügen vorgibt. Diesem Bekenntnis ist ja dann nicht mehr zu glauben. Und prompt gerät man in eine alberne Denksportsituation, wie die Schüler dieser antikschwulen Griechenphilosophen: Spricht unwahr oder wahr, mein schöner Knabe, wer zur Lüge sich bekennt? He?

Dennoch habe ich mich entschlossen, dem Lügen treu zu bleiben; und um die vielen bekennenden Lügner zu übertrumpfen, nenne ich mich am besten gleich einen Heuchler. Den Mut, sich derart häßlich zu bezichtigen, hat wenigstens noch nicht jeder. Natürlich ist Heucheln in einem höheren Sinne ehrlicher. Doch darum geht es nicht. Ausschlaggebend für meinen Entschluß war die Einsicht, mein Lebensprinzip ändern zu müssen. Den Moden davonzulaufen war bisher meine geheime Devise gewesen. Und eben dies ist jetzt Mode geworden. Wer auf sich hält, läuft in rasendem Tempo den Moden davon. Die krause Idee einzelner von heute ist morgen bereits Lebensart der Schickeria.

Widerstand und Protest werden sofort vereinnahmt und kommerzialisiert. Bin ich heute, weil es keiner mag, fürs Heucheln, kann es morgen schon Mode werden. Wenn ich morgen über die Kreativität herziehen werde, wird das Schimpfen auf die Kreativität übermorgen bereits zum unsäglichen Zeitgeist gehören. Das ist die schreckliche in- und out-Kultur der 18- bis 35jährigen. »Hip« heißt das heute bei den Heinis.

Diese Spurterei mache ich nicht mehr mit. Ich halte jetzt an meinen Ansichten fest und heuchle unverdrossen. Auch wenn es Mode wird. Die Wahrheit ist oft so widerlich.

Widerlich ist zum Beispiel der Satz: *Disziplin ist absolut unerläßlich.* Ein furchtbarer, knochiger Satz, eine barbarische Mischung aus Preußentum und SS. Natürlich ist dieser Satz vollkommen wahr. Ohne Disziplin bringt man nichts zustande, nicht einmal ein ordentliches Liebesleben. Dennoch würde ich das niemals zugeben. Bei jeder Gelegenheit streite ich die Notwendigkeit von Disziplin ab, und jeden, der mir Disziplin und Pflichtbewußtsein empfähle, würde ich verabscheuen. Lieber verschanze ich mich hinter einem Chaos, wohlwissend, daß selbst die schönsten Ausschweifungen nur durch sorgfältige Organisation und peinliche Beachtung von Regeln bestehen können.

So würde und werde ich auch immer die unzweifelhafte Wahrheit abstreiten, daß Ehrgeiz nötig sei, um etwas zu erreichen. Ich beharre vielmehr stur darauf, daß diese Aussage falsch ist, um damit einen meiner Lieblingssätze retten zu können: *Ehrgeiz ist auch eine Form von Geisteskrankheit.*

Wer Zucht und Ordnung lauthals für nötig hält, den nenne ich ein Schwein, obwohl er doch wahr spricht. Denn pflichtbewußt prügle auch ich mich zum Schreibtisch und quäle mich nächtelang mit meinen Zeilen, was ich nie zugeben würde, weil ich diese ehrlichen Leute hasse, die behaupten, Schreiben sei eine quälende Beschäftigung. Das ist nämlich nicht wahr. Schreiben ist sehr angenehm. Quälend ist es, an Kaufhauskassen auf den Ladenschluß zu warten oder fremder Menschen Abfälle ins Müllauto zu kippen.

◆◆◆◆◆◆◆

◆◆◆◆◆◆◆◆◆◆◆◆◆◆◆ WARUM ◆◆◆◆◆◆◆◆◆◆◆◆◆◆◆ ICH MICH TROTZDEM NICHT HERAUSFORDERN LASSE

Bekanntlich rast die Zeit, meine Damen und Herren, das ist nicht weiter schlimm, man muß nur aufpassen. Auch auf die Worte, die ihre Bedeutung ständig ändern. Dies ist übrigens eine bittere Tatsache für Dichter, die Ewiges schaffen wollen: In wenigen Jahrzehnten verlieren fast alle Texte an Wert, werden unverständlich oder sind nur noch historisch interessant. Auch folgende Zeilen wird dieses Schicksal treffen.

Ein ausgezeichneter Spiegel des Zeitgeistes oder – da mir das Wort »Zeitgeist« neuerdings etwas zu häufig vorkommt – ein Spiegel der herrschenden Ideologie sind immer noch die Stellenanzeigen. Hier steht zu lesen, was gefragt ist. Bis vor kurzem war es, wir wissen es alle, das *dynamische* Auftreten, das vom qualifizierten Bewerber erwartet wurde. Ich werde mich hüten, mich darüber lustig zu machen. Der Begriff hat sich längst verbraucht. Nur noch kleine, poplige Firmen suchen unverdrossen dynamische Mitarbeiter.

Der dynamische Typ, dieser Sproß der Leistungsgesellschaft, wird heute in besseren Kreisen mit sanfter Verachtung ironisiert. Das habe ich vor zwanzig Jahren getan, leider nicht nachweisbar, da damals noch Schubladenpoet. Heute gehen mir längst die Leute auf die Nerven, die sich über die dynamischen Typen lustig machen. Sie glauben, sie hätten etwas erkannt. Dabei gibt es gar keine dynamischen Typen mehr. Weswegen ich möglicherweise demnächst verkünden werde, warum ich trotzdem dynamisch bin. Das ist im Grunde kein schlechtes Prinzip; es ist nur von Managern und Vertriebsdirektoren verhunzt worden. Natürlich gibt es seit einigen Jahren Ersatz: ein neues Wort, das auf dem Stellen- und dem

Heiratsmarkt gleichermaßen kursiert. Sie kennen das Wort sehr genau, meine Damen und Herren, aber ich wette, Sie wissen noch nicht, welches ich meine. Kein Mensch hat bisher an diesem Wort etwas auszusetzen gehabt, selbst die sensibelsten und kritischsten Leute führen es unentwegt im Mund, ohne bisher gemerkt zu haben, wem sie da aufsitzen. Fast ungern verrate ich es, denn wenn sich erst alle lustig machen, kann ich nicht mehr darüber lachen. Sie werden denken, meine Damen und Herren, das sei doch etwas infantil, ein Wort nur abzulehnen, weil es gerade gang und gäbe ist. Aber es ist ja nicht nur das Wort, das da bewußtlos kursiert, es ist ja auch eine Haltung dahinter, die scheinbar vernünftig ist, in Wahrheit aber unerträglich. Daher muß es jetzt raus: Es ist die *Herausforderung*.

Spitzen Sie die Ohren, öffnen Sie die Augen: Überall hören Sie dieses Wort. Jede Ehe gilt plötzlich als Herausforderung, aber natürlich auch der Seitensprung. Jede neue Rolle ist für die Schauspielerin eine Herausforderung, jedes weiße Blatt Papier für den Autor. Und natürlich der Job: Er muß eine Herausforderung sein. Spitzen-Leute müssen bereit sein, eine Herausforderung anzunehmen. Man wächst dann schon mit seiner Aufgabe.

Es ist wirklich unglaublich, in welchem Ausmaß und welcher Bewußtlosigkeit von Herausforderungen gefaselt wird. Hier drückt sich eine Lebensphilosophie aus, und es ist nicht die sympathischste. Dahinter steht der wildeste Westen. Der angloamerikanische Ausdruck *challenge* kommt in jedem Cowboyfilm vor, kurz bevor es diese unerträglichen Toten gibt: »My challenge was answered, in less than a heartbeat, the handsome young stranger lay dead on the floor«, heißt es im einschlägigen Volkslied aus Texas: Der smarte Fremde nahm meine Herausforderung an und lag Sekunden später tot am Boden. Das ist deutlich genug.

Die Herausforderung ist die feine Art des Angriffs. Man

knallt nicht einfach einen um, man stachelt ihn erst auf, und wenn der seine Menschenwürde verletzt sieht, greift er zur Pistole – doch leider ist der andere schneller. Ich aber hänge am Leben. Warum weiß ich auch nicht.

Vor dem Hintergrund dieser Tradition ist das Wettrüsten der Supermächte leider ernster denn je zu nehmen. Der amerikanische Präsident hat nun mal einen sehr kleinen Kopf und weiß, was ein Cowboy fühlt; und es ist noch nicht lange her, daß ein ordentlicher Cowboy nicht im Film, sondern in Wirklichkeit sein Magazin leerschoß, weil er das komische Gefühl hatte, die Hand des anderen sei zur Waffe gezuckt.

Ekelhaft. Nachher behauptet der Herausforderer, der andere habe angefangen, er habe sich nur wehren müssen. Daher muß der Verteidigungsetat hoch und die Wehrdienstzeit lang sein. Ach, wenn doch all die breitmäuligen Revolverhelden der Schlag träfe!

Das neuerliche Herausforderungsgefasel stammt aus dem üblen Sumpf des Kampf- und Kriegsdenkens. Dem Sport kam das schon immer zupasse, was wahrlich nicht für diesen spricht. Hier wurde die Herausforderung auch noch mit dem Begriff Fairness vermengt; daher bin ich dafür, unfair zu sein. So etwas wie einen Angriff auch noch fair auszuführen, übersteigt jeden Sadismus.

Im Sport nehmen irgendwelche Titelverteidiger irgendwelche Herausforderungen an, und dann schlagen sich irgendwelche Affen für 10 Millionen Dollar die Nasen platt; und irgendein tennisspielendes Milchgesicht, ein Germanenbaby, das mir als Idol einer fanatischen Nation ganz und gar nicht gefallen will, fühlt sich von seinen Gegnern vermutlich auch herausgefordert und knüppelt mit seinem Schläger gegen drahtige Männer an, die zwar auch den Unsinn mitmachen, aber wenigstens besser aussehen. – Nach dem Sieg darf der Albinolümmel für eine oder die

Deutsche Bank Reklame machen, weil er als Herausforderer am strahlendsten Leistung symbolisiert.

Nun also ist endlich auch das Geschäftsleben zu einer Herausforderung geworden. Aggressiv und bretthart sei die Verhandlung. Der Rohölpreis ist für die Mineralölfirmen eine Herausforderung. Packen wir's an. Der Katalysator ist eine Herausforderung für die Autoindustrie, der Weltraum für die Computerdeppen in Cape Canaveral und für all die Heinis, die zum Hochgeschossenwerden anstehen; die Deutschen dürfen nachher die Patschhand des Kanzlers drücken.

Challenger nennen die Amis konsequenterweise ihre Raumfähre, auf die sie stolz sind wie auf ihr Nationaldenkmal, den unseligen John Wayne. Wie man diesen mittlerweile verblichenen Hodenlulatsch, diese penetrante Vaterfigur kindischer Cineasten gut finden kann, ist mir auch ein Rätsel. Selten habe ich ein unsympathischeres Gesicht gesehen.

Toller noch, als dem Duell im Wilden Westen nachzuträumen, ist nun der Zukunftstraum vom Duell der Supermächte im Weltraum. Das ist der Gipfel der Herausforderung. Da ist alles gefordert: Technik und Heldenmut. SDI nennt sich dieses völlig übergeschnappte Weltraumoffensivprogramm, das dem krankhaften Hirn des amerikanischen Präsidenten entsprungen, nun auch in den siechen Köpfen der europäischen Politiker zu spuken beginnt. Der Weltraum ist eine anregende Kategorie für Philosophen. Wenn ihn Naturwissenschaftler und Politiker und Militärs als Tummelplatz für ihr Kräftemessen benutzen, kann die Sache nur tödlich enden.

Kein Personalchef stellt mehr einen Bewerber ein, der nicht irgendwann im Vorstellungsgespräch fallenläßt, daß er die Herausforderung sucht. Der ist gut, der ist kampfbereit. Die logische Folgeerscheinung des Herausforderungsdenkens ist der *Überforderte,* der uns heute stündlich begegnet. Wer nichts taugt, wer's nicht packt, dem sagt man heute nicht mehr, er sei eine Null, er könne gehen. Nein, man sagt ihm, er sei überfordert. Das ist fair.

◆◆◆◆◆◆◆

◆◆◆◆◆◆◆◆◆◆◆◆◆◆◆ WARUM ◆◆◆◆◆◆◆◆◆◆◆◆◆◆◆ ICH KEINEN SERVICE HABEN WILL

Lüftet man ein paar von den Millionen Urlaubspostkarten, die in den Sommermonaten bis tief in den Herbst hinein an den Pinnwänden und Schranktüren von Hunderttausenden von Büros befestigt sind, überfliegt man die Zeilen und rechnet ein bißchen hoch, dann lautet der Inhalt von etwa 50 Prozent der Urlaubsgrüße in etwa so:

Das Wetter ist grauenvoll. Der Strand ist versaut. Das Hotel ist häßlich. Die Bevölkerung hier ist mißtrauisch und verschlossen. Alles ist viel zu teuer. Aber der Service ist einwandfrei. Da kann man nicht meckern.

Die anderen 50 Prozent berichten von Sonne, blitzeblauem Meer und interessanten Ausflugszielen in nächster Nähe; nur von Service habe man keinen Schimmer.

Das ist natürlich übertrieben. Ich habe beispielsweise die Postkarten aus Aranjuez unterschlagen. Eine Splittergruppe, aber auch nicht ohne statistische Aussagekraft: von dort beginnen nämlich 98 Prozent der Grußbotschafter mit höherer Schulbildung ihre Zeilen mit dem Schillerschen Don-Carlos-Zitat über das Zu-Ende-Gehen der schönen Tage. Auch nicht viel origineller.

Zurück zum Service, auf den man nichts kommen läßt. Schon die Tatsache, daß derart massenhaft auf den Service Wert gelegt wird, macht ihn verdächtig. Obwohl das kein Argument ist. Nach Liebe sehnt sich ja auch alle Welt. Wir müssen also anders ran.

Vielleicht so: Das Bedürfnis nach Service ist heute ein elementares. Dies hat zwei Gründe: einen historischen und einen psychologischen. Klingt gut. Weiter:

Historisch gesehen ist der Service die demokratische Ausformung dessen, was früher die Dienerschaft war. Jedem Feudalherrn seinen Butler in Livree, jedem Arbeitnehmer seinen Kittelmann vom Pannen-Service, Reifen-Service, Tiefkühlkost- und Bierkastenfreihausbelieferungs-Service.

Psychologisch gesehen gibt der Service heute dem Bürger den Anflug des Gefühls, ein Herr, ein Scheich, ein Lord, ein Fürst, ein Sultan oder wenigstens ein Chef zu sein. Ist der Service schlecht, bricht die Herrenrolle zusammen, und er erinnert sich unliebsam daran, daß er in Wahrheit nichts zu sagen hat.

Und noch eine Erklärung gibt es für die Sehnsucht nach dem Service: es ist das Bedürfnis, umsorgt zu werden, das hier durchbricht, oder virulent wird, wie die Klugscheißer sagen. Zurück ins Nest, wenn das Leben roh wird. Die alte Psycho-Chose.

Das wären die wissenschaftlichen Ursachen, und die bringen uns wieder einmal keinen Schritt weiter.

Ich mokiere mich hier übrigens keineswegs über das Bedürfnis nach solchem Service. Das wäre albern und zynisch. Dem geplagten Lohnempfänger ist sein ungeschriebenes Recht auf Service durchaus zuzugestehen. Schließlich zahlt er Horrorpreise für die Pauschalreise plus Versicherung, da will er auch täglich frische Servietten und bei einem Beinbruch keine Formalitäten, sondern den Heimflug mit dem Hubschrauber in die Klinik seiner Wahl. Wenigstens Spuren der hilfreichen Zuwendung, mit der sich die Herren von einst ein Leben lang verwöhnen ließen, will er in der Freizeit in Anspruch nehmen.

Und wenn gar die Absätze von den Schuhen brechen, wenn das Spülwasser fettig im Ausguß steht, wenn einem die Wohnungstür mit dem innen steckenden Schlüssel zuschlägt, dann schafft der Schuh-Service, der Rohrfrei-Service und der Schlüssel-Service rasche Abhilfe. Die eben noch geschmähten

Kittelmänner kommen jetzt als wahre Retter und Glücksbringer. Nach zwei Stunden im kalten Hausflur weiß man die Wirtlichkeit seiner Wohnung wieder zu schätzen. Und ein Ausguß, der endlich funktioniert, ist nicht nur 300 Mark wert, sondern ein Gedicht dazu: das gierig abschlürfende Wasser ist wahrhaftig ein treffendes Bild für das Wesen der Befreiung.

Was also ist suspekt am Service? Ist es womöglich nur das Wort, das nach Unternehmenskette und freudlosen Handgriffen riecht? Es hat aber keinen Sinn, unsere Sprache von angloamerikanischen Fremdwörtern rein halten zu wollen. Das deutsche Wort »Dienst« ist nicht besser. Dienst ist Dienst, schnarrt der Diensttuende und droht mit einer Dienstaufsichtsbeschwerde. Nach Dienst gibt es bekanntlich Schnaps. Und wehe, wenn der Ober nicht spurt. Gegen dieses strammdeutsche Erfüllungsbewußtsein bei gleichzeitiger Erwartung von tadelloser Bedienung ist dann fast wieder der Massen-Service vorzuziehen mit seinen abgewetzten Plastiktabletts, die senfbeschmiert auf Fließbändern dahinfahren.

Aber es geht gar nicht um guten oder schlechten Service, um schmuddelig oder sauber, rasch oder lahm, um inklusive oder exklusive, billig oder teuer. Das alles sind zweitrangige Querulantenfragen. Es geht nicht um freundliche oder muffige, arrogante oder devote Bedienung und auch nicht um den Self-Service; denn Selbstbedienung ist auch nur eine Variante des weltweiten Service-Getues. Es geht nicht einmal darum, daß ich für meinen Teil nicht bedient werden will und auch niemanden bedienen will, am wenigsten mich selbst. Das sind alles ganz flache Abneigungen.

Und je flacher das Thema, desto tiefer muß geschürft werden: Das Unausstehliche am Service ist, daß er wuchernd in alle Branchen vordringt.

Service gibt es heute nicht nur im Hotel und Restaurant, in der Eisen- oder auf der Autobahn. Heute versteht sich jede bessere Firma nach den Worten ihres Chefs auf der Jahreshauptversammlung als Dienstleistungsbetrieb. Egal ob Mineralölgesellschaft oder Verwaltungsbehörde, ob Rundfunkanstalt oder Gemäldegalerie: alle reden von Service. Wir leben nicht mehr in einer Leistungsgesellschaft, sondern in einer Dienstleistungsgesellschaft. Das klingt so freundlich. Nicht nach Schweiß und Arbeit. Es gibt nur noch Kunden. Es wird nur noch serviert. Die Welt als Cocktailparty.

Natürlich ist nach wie vor alles Betrug. Früher sprach man von Ausbeutung. Ein häßliches Wort. Heute heißt der Betrug Service. Das alte Lied. Bedürfnisse werden geweckt und dann für viel Geld befriedigt. Wenn die Wirtschaft nur blüht.

Toll treibt es der Service in den Museen und auf dem Buch- und Zeitschriftenmarkt. Offenbar läßt sich der Kulturbürger besonders gern an der Nase herumführen. Und zwar immer in Pfeilrichtung der Führungslinie entlang. Überall Wegweiser, Informationstafeln, Orientierungshilfen. Weil angeblich die Neue Unübersichtlichkeit herrscht, darf keiner auch nur eine Sekunde in guter alter Ratlosigkeit herumstehen, sich fassungslos an den Kopf greifen und dann vielleicht auf eigene Gedanken kommen. Deshalb wird unentwegt serviert: Lebenshilfe, Lenkhilfe, Lesehilfe. Weil das Leben schwer ist, muß alles so leicht wie möglich gemacht werden. Daher werden die Buchhandlungen kubikmeterweise mit Ratgeberliteratur vollgestopft: Wie ernähre ich mich richtig. Wie ziehe ich mich an. Wohin in Berlin. Wohin in Paris. Wie spare ich Steuern. 1000 legale Tips, 100 neue Trends. Unter dem Vorwand, hilfreich zu sein, gängeln die Dienstleistenden den völlig entmündigten Kunden und stoßen sich dabei gesund. Die Krönung des Schwachsinns ist zweifellos ein Bestseller mit dem nur mäßig ironischen Titel »Anleitung zum Unglücklichsein«; ein harmloses Buch, dessen rasanter Verkauf aber doch auf eine interessante Tatsache hinweist: daß selbst die gute alte Melancholie heute nach Tips und Lebenshilfe-Service verlangt, wie das Halten von Goldfischen.

Da schon die Kinder mit Serviceleistungen gefüttert werden, steht die Blüte der Service-Kultur womöglich noch bevor. Kein Kindergeburtstag mehr, ohne daß vorher beim Geburtstagsservice ein Geschenktip eingeholt wurde, egal was, Hauptsache originell. Und weil die berüchtigten Poesiealben noch immer munter bei den Schulkindern kursieren und niemandem der wirklich gute Spruch einfällt, werden bereits Alben angeboten, wo hinten im Anhang eine reiche Auswahl von Versen abgedruckt sind, die das Kind dann vorne auf der ihm zugewiesenen Seite nur abzuschreiben braucht. Meinen Lieblingsspruch konnte ich dort allerdings nicht entdecken:

Der Weihnachtsbaum steht öd und leer,
die Kinder glotzen blöd umher.
Da läßt der Vater einen krachen,
die Kinder fangen an zu lachen.
So kann man billig Freude machen.

Nun bleibt mir der Logik zuliebe nichts anderes übrig, als den Leser inständig zu bitten, irgendwelche Ausführungen von mir niemals als hilfreich und damit als Service aufzufassen, sondern immer als das, was sie natürlich sind: als völlig verwirrt und auf die Hilfe eines sympathisierenden Verstandes angewiesen.

◆◆◆◆◆◆◆

♦♦♦♦♦♦♦♦♦♦♦♦♦♦ WARUM ♦♦♦♦♦♦♦♦♦♦♦♦♦♦ ICH LIEBER DÖSE ALS LESE

Eine Zeitlang hatte ich in einem größeren Verlag in einer kleineren Stadt zu tun. Dort nahm ich nicht nur an Konferenzen teil, wo man sich lebhaft darüber besprach, wie die mittelmäßigen Produkte des Hauses vermehrt unters Volk zu bringen seien; dort besuchte ich natürlicherweise auch hin und wieder das Klo. An diesem Ort, wo sonst oft die besten Sprüche zu lesen sind, prangte hier nur kreisrund ein signalgrüner Aufkleber mit den Worten *Lieber Lesen als Dösen*. Vermutlich steckte die Gewerkschaft Druck und Papier dahinter. Vielleicht hatte auch der Verleger selbst mit dem forschen Aufruf die Innenseite der Tür verziert, wer weiß. In diesem kargen Slogan treffen die unternehmerischen Interessen mit denen der Verlagsangestellten aufs wunderbarste zusammen.

Lieber Lesen als Dösen – das ist eine so entsetzlich wohlmeinende Forderung. Das klingt so richtig und ist doch absolut halbwahr. Da sind mir Sprüche lieber, die falsch klingen und wo trotzdem etwas dran ist; denn halbwahr ist sowieso alles. *Eifersucht ist Diebstahl* zum Beispiel, wie ich neulich der Wand eines Kneipenklos entnahm: eine hervorragende Erkenntnis.

Das Dösen auf Kosten des Lesens schlechtzumachen ist mir zu aufrecht, zu gerade und zu fad. Es ist auch unüberlegt.

Weil manisches Fernsehen und fahriges Illustriertengeblätter blöd machen, wird das emsige Lesen als Heilmittel propagiert. Als würde man davon klug und weise werden. Nur wer vom Lesen nichts mehr versteht, kann es derart idealisieren. Als das Buch noch das beherrschende Medium war, war man vom vielen Lesen ebensowenig begeistert wie heute vom vielen Fernsehen. Die Schädlichkeit süchtigen Lesens und die Folgen der Wirklichkeitsflucht wurden oft mit pastörlichen Worten beschworen. Aber viele Ratschläge, die damals gegeben wurden, treffen auch heute noch: »Bei der Menge unnützer Schriften tut man übrigens wohl, ebenso vorsichtig im Umgange mit Büchern als mit Menschen zu sein. Um nicht zu viel Zeit mit Lesen unnützen Papiers zu verschwenden, das heißt: um nicht von Schwätzern mir die Zeit verderben zu lassen, suche ich, auch von dieser Seite, nicht neue Bekanntschaften zu machen.« Oh, wie recht hast du, Freiherr von Knigge, wie recht hast du noch immer! Und auch was Schopenhauer später über das Lesen sagte, ist taufrisch: »Neun Zehntel unserer ganzen jetzigen Litteratur hat keinen andern Zweck, als dem Publiko einige Thaler aus der Tasche zu spielen: dazu haben sich Autor, Verleger und Recensent fest verschworen... Weil die Leute, statt des Besten aller Zeiten, immer nur das Neueste lesen, bleiben die Schriftsteller im engen Kreise der cirkulierenden Ideen, und das Zeitalter verschlammt immer tiefer in seinem eigenen Dreck. Daher ist, in Hinsicht auf unsere Lektüre, die Kunst, *nicht* zu lesen, höchst wichtig.«

Aktualisierbar ist hier nur die Zahl. Nicht 90, sondern 99 Prozent der heutigen Buchproduktion kann als Schrott angesehen werden. Bei annähernd 100 000 neuen Titeln pro Jahr allein in den deutschsprachigen Verlagen macht das allerdings noch immer 1000 Bücher, die möglicherweise nicht ganz uninteressant sind. Da wir aber auch arbeiten, lieben, essen, trinken, fernsehen, spazierengehen, schreiben, schlafen, reisen und alte Bücher lesen wollen, kann sich auch der Lesewilligste nicht viel mehr als 10 neue Bücher pro Jahr gründlich von innen ansehen. Das ist 1 Prozent der halbwegs beachtenswerten Literatur. Daher herrscht überall Frustration und schlechtes Gewissen. Den Bildungsbürger drücken die Bildungsschulden. Was hat er wieder alles nicht gelesen!

Das Hinschwinden der Leselust ist zu einem Kulturtrauma geworden. Weil man Schuld gerne abwälzt, behauptet man, keine Zeit mehr zum Lesen zu haben. Eine etwas platte Erklärung. Raffinierter ist es, sich dem Lamento von muffeligen Kulturkritikern anzuschließen und Leseunlust mit dem angeblich katastrophalen Zustand der zeitgenössischen Literatur zu begründen. Im übrigen werde heute viel zuviel gedruckt und kein Mensch kenne sich mehr aus. – Eine faule Behauptung das, und nicht einmal mehr halbwahr.

Natürlich wird viel zuviel gedruckt. Natürlich kann das alles keiner mehr lesen. Doch von allen Bergen, die der Kapitalismus in seinem Wachstumszwang anhäuft, ist der Bücherberg sicherlich der harmloseste. Der Rüstungsberg oder der durch heimtückische Kredite der Industrienationen angehäufte Schuldenberg der Entwicklungsländer, ja selbst der Butterberg haben unabsehbare Konsequenzen.

Der Markt schwatzt einem die Ware auf, und man muß sehen, ob man sie brauchen kann. So ist das heute. Mit dem Überangebot von Schokoriegeln, Limonadensorten und Zigarettenmarken wird man ja auch irgendwie fertig. Nur angesichts der vielen Bücher geraten die Verbraucher außer Fassung. Als wäre man weniger wert, wenn man weniger liest. Als wären Leser bessere Menschen.

Ich kenne Menschen, die ein Buch nach dem anderen lesen, Zeile für Zeile, ihre Augen zucken hin und her, sie lesen wirklich. Aber es nützt nichts, es bleibt nichts hängen. Sie lesen die Bücher, die im Gespräch sind und die ja tatsächlich den Vorteil haben, daß man nicht einsam vor sich hinlesen muß, sondern mit anderen Lesern darüber lästern kann. Aber diese bücherverschlingenden Menschen sind nicht in der Lage, sich zu dem zu äußern, womit sie sich vollstopfen. Weder verändern sie sich durch das viele Lesen, noch amüsieren sie sich dabei. Es scheint ein innerer Befehl zu sein, dem sie gehorchen: der Kulturbürger hat zu lesen, wie der Katholik seine

Gebete zu verrichten hat. Wie sagte Heinrich Zschokke vor weit über hundert Jahren: »Lies nicht viel, aber das Wenige mit Nachdenken und Überlegung. Ermanne dich zu dem unverbrüchlichen Entschlusse, dich fortan des Viellesens zu enthalten.« Mehr kann ich auch von diesem guten Mann nicht lesen, denn danach wird er gleich fromm. Daher lieber noch einmal den unfrommen Schopenhauer: »Während des Lesens ist unser Kopf doch eigentlich nur der Tummelplatz fremder Gedanken. Wenn nun diese endlich abziehn, was bleibt? Daher kommt es, daß, wer sehr viel liest, die Fähigkeit, selbst zu denken, allmälig verliert. Solches ist der Fall sehr vieler Gelehrten: sie haben sich dumm gelesen.«

Natürlich kann man sich mit aufmerksamen Lesern besonders gut unterhalten und tiefer in die Nacht hinein als mit Menschen, die nicht lesen, was bei begehrenswerten Frauen den zusätzlichen Reiz des Aufschubs mit sich bringt. Doch können Unterhaltungen mit Lesern auch besonders grauenvoll sein, und nicht nur, wenn der literarische Geschmack ein anderer ist. Mit jeder Analphabetin komme ich besser aus als mit einer eingeschworenen Bewunderin von Stefan Georges Gedichten. Aber auch die gemeinsame Vorliebe für einen Autor ist keinerlei Gewähr für gegenseitige Sympathie. Einer meiner wenigen Lieblingsautoren ist Joseph Roth, und ich habe Leute getroffen, die von Joseph Roth schwärmten, mit denen mir aber schon allein aufgrund ihrer geschwollenen Ausdrucksweise keinerlei Verständigung möglich war. Mit den Gottfried-Benn-Fans ist es noch schlimmer. Und an den unbescholtenen Klassikern haben sich bekanntlich die finstersten Gestalten der Geschichte gelabt.

Keinem Leser, keinem Autor ist zu trauen, keinem Kritiker und keinem Verlag. Überall hochgeputschte Titel, Gefälligkeitskritiken, Verrisse aus Mißgunst und Rache. Warum sollte auch ausgerechnet auf die Literaturbranche Verlaß sein.

Ich lasse mich von den Neuerscheinungen nicht mehr unter

Druck setzen. Lieber gut gedöst als schlecht gelesen. Daß das meiste nichts taugt, finde ich nicht erschütternd, sondern beruhigend. Warum sollen Schriftsteller besser sein als Architekten. Ob Modemacher, Möbelmacher, Karosseriedesigner, Künstler, Schnapsbrenner, Tulpenzüchter, U- oder E-Musiker, Filmregisseure oder eben Dichter: es entsteht immer 99 % Schrott.

Doch je mehr schlechte Bücher es gibt, desto weniger muß ich lesen. Denn ich will nur noch Bücher lesen, die mir nützen, die mir im Kopf hängenbleiben; Bücher, die ich lieben kann. Ich kann und will mich aber nicht ständig neu verlieben.

Sich aus diesem Riesenangebot alter und neuer Literatur bei Bedarf ein wirklich gewinnbringendes Buch herauszufischen, ist aber immer noch eine sinnvollere Beschäftigung, als Pilze zu suchen oder angeln zu gehen.

Und Reinfälle ab und zu nehme ich mit Vergnügen in Kauf. Wenn das Buch, das drei glühende Rezensionen als Geheimtip anpreisen, das mir zudem sämtliche literaturinteressierten Bekannten als unbedingt lesenswert empfehlen und das sich nicht durch das Aufscheinen in einer ordinären Bestseller- oder Bestenliste verdächtig gemacht hat, sich als schal, prätentiös und ungenießbar erweist, dann hat sich die leichtsinnige Anschaffung trotzdem gelohnt, und nicht nur zum Steuerabschreiben: die Bestätigung meiner individuellen Urteilskraft ist mir 29 Mark 80 wert.

Von einer Fehlinvestition werde ich mich nicht zwingen lassen, ein Buch zu Ende zu lesen. Wie es ein erhabenes Gefühl ist, schon nach einer Viertelstunde mit sicherem Schritt aus Kino und Theater zu schreiten, so ist es befreiend, ein Buch, das einen nicht auf den ersten Seiten packt, voll Verachtung zuzuklappen und sich den eigenen wollüstigen Vorstellungen hinzugeben.

◆◆◆◆◆◆◆

◆◆◆◆◆◆◆◆◆◆◆◆◆◆ WARUM ◆◆◆◆◆◆◆◆◆◆◆◆◆◆ ICH NICHT IMMER BISSIG SEIN WILL

Die Sitten sind locker geworden. Vieles ist heute erlaubt. Nur der Gebrauch von Schimpfwörtern ist immer noch schlecht angesehen. Schimpfen wird als Entgleisung und als Schwäche gewertet. Wer schimpft, erweist sich als unbeherrscht, unklug, unqualifiziert. Zumal ein Autor soll als sogenannter geistiger Mensch das Schimpfen vermeiden, er macht sich sonst unglaubwürdig.

Während im Deutschen Bundestag Zwischenrufe wie »Rindvieh« und »Arschloch« seit Jahren gang und gäbe sind und die Protokolle schmücken, während sich Reagan und Gaddhafi wechselseitig bezichtigen, »tollwütige Hunde« zu sein, hat sich der feine Publizist noch immer zurückzuhalten. Grobe Worte gelten als Zeichen der Hilflosigkeit. Damit zeigt man, daß man mit seinen Argumenten am Ende ist.

»Gewalt beginnt beim bösen Wort«, meinte unlängst ein Leitartikler der ›Zeit‹ und bat seine Leser fast händeringend, ihre losen Reden zu bedenken. Offenbar kurz vor dem Konvertieren, zumindest im Ton des Laienbruders berief er sich auf die wieder in Mode geratene Bergpredigt, wo es heiße: »Wer aber zu seinem Bruder sagt: Du Hohlkopf! der ist des Rats schuldig; wer aber sagt: Du Narr! der ist des höllischen Feuers schuldig.« Im kessen Analogieschluß riet der Autor dann dringend ab, Worte wie »Bulle« und »Schwein« gegenüber unseren Brüdern von der Staatsanwaltschaft und der Polizei zu gebrauchen.

Hier muß einiges zurechtgerückt werden. Das Beschimpfen und Verfluchen und Verwünschen und Verunglimpfen ist kein Zeichen für Denkschwäche und Primitivität, sondern eine uralte Tugend, die vor allem von jenem Buch gepflegt wird, auf das der fromme Mahner sich beruft – von der Bibel. Was dort an groben Verwünschungen ausgestoßen wird, würde heute manchem verantwortlichen Redakteur den Schweiß auf die Stirn treiben. Im Namen Gottes wird gewütet, daß die Fetzen fliegen. Der Herr droht seinen Widersachern nicht etwa nur das höllische Feuer an, das diese natürlich längst als harmlose Abstraktion erkannt haben, sondern er wünscht ihnen ganz konkret einen möglichst abscheulichen Tod an den Hals, wie etwa, von Trümmern zerquetscht zu werden: »Ich will« – läßt Gott ausrichten – »einen Wirbelwind reißen lassen in meinem Grimm und einen Platzregen in meinem Zorn und große Hagelsteine im Grimm; die sollen alles umstoßen. Siehe, so wird die Wand umfallen. Was gilt's? Also will ich die Wand umwerfen und will sie zu Boden stoßen, und ihr sollt darin umkommen.«

Also gedenkt der Herr mit den falschen Propheten umzugehen. Wer grobe Worte als Beginn der Gewalt ablehnt, sollte sich dabei wenigstens nicht auf die Bibel berufen; denn übertrüge man diese brisante Schrift auf heutige Verhältnisse, so könnte damit der wildeste Terror gerechtfertigt werden.

Ich bin zu träge, um nachzuforschen, wann die Tradition des Schimpfens abriß; vermutlich in der sonst von mir sehr geschätzten Aufklärung, die mit einem gewissen Recht die kultivierte Diskussion jener enthemmten Verwünschung vorzog, die im Barock noch ihre schönen Blüten getrieben hatte: da man die Fürsten und Könige nicht beschimpfen durfte, beschimpfte der ergrimmte Barock-Autor die ganze Welt, der nicht zu trauen sei: »Alles ist bitter, falsch, ohne Hoffnung und voller Lügen.« Der Mensch ist »blind, taub, toll und sinnlos«, er »verrecket wie das Vieh«, er ist nichts als »stinkendes Aas«, und man »lernet einander hassen bis zum Würgen«. Das ist bestes 17. Jahrhundert.

Die meisten Autoren und ihre Leser leben hinter dem

Mond und sind obendrein Mimosen. Man wagt nicht zu schreiben, was man doch ständig ausspricht. Man hat eine so spießige und kleinkarierte Achtung vor dem schriftdeutschen Papier, daß man die Flüche, die man bedenkenlos auf den Lippen führt, nicht schreiben und lesen mag. Dabei wünscht sich mittlerweile schon der Bundespräsident bissige Literaten.

Die ganze Kultur- und Literatenbranche kommt mir vor wie ein Zwinger mit Hunden, die alle furchtbar edel sein wollen. Die wenigen, die nicht schwanzwedelnd folgsam sind, beschränken sich auf vornehmes Knurren. Und während die Herrschaft immer unflätiger und vulgärer wird, sind die Literaten nur daran interessiert, die Eigenschaften ihrer Rasse zu bewahren: mit seidigem Fell die gesunden Zähne zu fletschen. Damit tut man niemandem weh. Dabei rufen heute schon die Weltkirchenräte nach Texten, die schmerzen sollen.

Bissig wünscht man sich den Autor von Format, dafür bekommt er Kraftfutter und auch Preise; nur beißen darf er nicht. Weh tun sollen seine Texte, aber nicht verletzen. Böse darf er schreiben, aber nicht schimpfen. Hier ist doch etwas faul im Zwinger der Kultur!

Texte, die sich nicht wehren, sind heute überflüssig. Wir werden mit Dreck beworfen und bellen wohlklingend zurück. Das ist degeneriert. Kein Tier auf freier Bahn verhält sich so; die Gattung wäre längst ausgestorben.

Ein großes Heulen geht nur dann durch den Zwinger, wenn es nach Zensur riecht. Eine Zensur darf nach dem Grundgesetz nicht stattfinden.

Wenn also ein verknöcherter und verklemmter Sekretär in der Bayerischen Staatskanzlei mit irgendwelchen juristischen Tricks ab und zu die Ausstrahlung einer satirischen oder sonstwie dekuvrierenden Sendung zu verhindern versteht, dann flammt für ein paar Tage der Volkszorn auf. Das ist verständlich. Im Grunde aber ist der Eingriff halb so schlimm.

Hier liegt ein reaktionärer Mickernöck in seinen letzten Zügen, das ist nicht gefährlich, sondern nur noch lächerlich. Im übrigen ist dieser Mann (Stoiber) wie ein ähnlich gearteter Politkollege (Spranger) meiner Ansicht nach sowieso ein DDR-Agent, der mit diesen Maßnahmen einerseits sich tarnen und andererseits für Unruhe im westlichen Lager sorgen will. Ich kann das nicht beweisen, vertraue aber auf meine Menschenkenntnis: die beiden haben so etwas Honekkerhaftes. Die würden irgendwie besser nach drüben passen. Ihr kindisches Unterbinden von Freiheiten verrät eindeutig ihre Herkunft. (Daß man mittlerweile mit strammen DDR-Methoden im Westen den Eindruck eines strammen Konservativen erwecken kann, ist ideologiegeschichtlich natürlich amüsant, spielt aber bei dem heutigen Niveau der Agenten und ihrer Austauschbarkeit keine Rolle mehr.)

Ob Ost-Agent oder nicht: das große Jaulen über die kleine Zensur lenkt von der Tatsache ab, daß eine ernstzunehmende Zensur in unserem Land und im sogenannten freien Westen tatsächlich nicht besteht, daß vielmehr die durchaus vorhandene Pressefreiheit von all den ängstlichen, konventionell recherchierenden und argumentierenden und tödlich langweilig schreibenden Autoren in keiner Weise wahrgenommen wird.

Wer von Zensur spricht, hat wenig begriffen. Kaisers Zeiten sind vorbei und auch die des furchtbaren Hitler. Es gibt aber noch genügend Länder, wo man in tiefe Kerker geworfen wird und wo einem Sadisten den Schädel einschlagen, weil man die Wahrheit geschrieben hat. Diese schreckliche Tatsache ist kein Grund, sich beim demokratischen Staat unentwegt für die Freiheiten zu bedanken, die er seinen Autoren gewährt. Aber es ist auch kein Grund, aufgeregt und besorgt von Zensur zu reden, wenn ein ängstlicher Redakteur einen Nebensatz wegstreicht und nachher sagt, der Text sei etwas zu lang gewesen.

Natürlich setzt das Gros der Sendeanstalten, Zeitschriften und Zeitungen verstärkt auf Verblödung, aber nicht etwa aus politischer Bestialität. Der raffinierte Umweg ist gar nicht nötig. Es sitzen keine berechnenden Dämonen in den Hochhäusern der Medien. Es geht viel direkter: weil sie blöde, glatt und geschmacklos sind, gefallen ihnen blöde, glatte und geschmacklose Beiträge. Daher lechzen sie gelegentlich nach jenen Texten, die sie anerkennend als bissig bezeichnen und die sie mit Vergnügen woanders lesen, allerdings ihrem eigenen Publikum nicht zumuten wollen.

Das ist zwar beschränkt, aber nicht bedrohlich. Denn mittlerweile gibt es genügend Publikationsmöglichkeiten, wo man ungezügelt loslegen kann. Klevere Verleger und auch einige Fernseh- und Rundfunkredakteure außerhalb Bayerns haben längst begriffen, daß man sich bei diesem nicht enden wollenden Systemerhaltungsgesäusel auf allen Kanälen und Zeitungsdruckseiten nur noch profilieren kann, wenn man Beiträge duldet, die den eigenen Interessen zuwiderlaufen. Nur Dummköpfe wollen keine Selbstkritik.

So ist auch das Klagen über die vertrackte Selbstzensur meist nur Großtuerei und Selbstschutz: Simpel kann der Autor die Lauheit seiner Schreibereien tarnen, wenn er auf die berühmte Schere im Kopf hinweist, mit der er seine wahre Meinung und sein Wissen schon vor dem Aufschreiben abschneide, damit nachher nicht irgendein presserechtlich Verantwortlicher den brisanten Text verstümmeln müsse.

Nicht also Zensurmaßnahmen machen uns zu schaffen, sondern die Wirkungslosigkeit unserer offenen Attacken. Wir können einfach alles schreiben. Wenn ich beobachte, wie Brauchitsch dem Kanzler am 24. Dezember ein mit einem Krippenmotiv verziertes Kuvert von etwa 1 cm Dicke zusteckt, darf ich das sofort veröffentlichen. Ich darf auch einen empörten Kommentar über die Korruptheit unserer Schmierspendenpolitiker schreiben – Satiren sowieso –, und nichts geschieht. Das Übermaß an Dreistigkeit hat so viel öffentliche Kritik erzeugt, daß man der Kritik schon überdrüssig wird. Man will es nicht mehr wissen. Dieses Desinteresse schützt die Politiker besser als jede Zensur und verleiht ihren Umtrieben obendrein einen freiheitlichen Anstrich.

So hat das mühsame Zusammentragen von Belastungsmaterial wenig Sinn, denn die meisten öffentlichen Persönlichkeiten belasten sich ja schon allein durch die Art ihres Auftretens unentwegt selbst. Es kommt nicht mehr so sehr darauf an, etwas aufzudecken; vielmehr muß die immerselbe Tatsache, daß oben die falschen Leute sitzen, in immerneue Worte gefaßt werden. Während die Machthaber es sich gegenüber ihren Wählern offenbar leisten können, immer dieselben Tölpeleien und krummen Dinge zu tun, immer dieselben törichten EG-Beschlüsse, immer dieselben sinnlosen Gipfeltreffen – können es sich die kritischen Autoren und Journalisten nicht leisten, immer dasselbe zu schreiben; denn zu ihrem Handwerk gehört die Originalität, wie eben zum Handwerk der Politiker die Wiederholung des Schwachsinns gehört.

Der kritische Zeitgenosse von heute, den es durchaus gibt, will vom kritischen Schreiber in den durchaus vorhandenen kritischen Blättern einen möglichst bissigen und bitterbösen Text über die politische Verkommenheit lesen. Diese Texte gibt es genügend, sie bewirken aber nichts, weil die Tatsachen längst bekannt sind. Sie unterhalten bestenfalls. Witz und elegante Beweisführung machen den kritischen Text mit Vergnügen lesbar – aber sie machen ihn auch wirkungslos.

Es wird mir immer klarer, daß ein kritischer Text, der heute etwas bewirken will, an manchen Stellen den Witz brechen und seine Eleganz opfern muß. Es sieht so aus, als müßten Texte an einigen Stellen überraschend daneben- oder zu weit gehen, grob, grell und auch unfair werden, um der Grobheit und der Unverschämtheit von Gestalten gerecht zu werden, die sich als mächtigste Männer der Welt bezeichnen und es sich einfallen lassen, sich auf einer abgelegenen Insel zu treffen, irgendwelchen Unsinn zu reden und damit Tausende von Journalisten tagelang auf Trab und die politisch interessierte Öffentlichkeit in Atem zu halten. Das ist nicht fein und nicht fair, sondern schockierend. Deshalb sollten Berichte und Kommentare nicht fein und fair, sondern schockierend sein und sich nicht einnebeln lassen von der Wichtigtuerei dieser Leute, die kaum noch wie menschliche Wesen wirken, sondern nur wie Marionetten der von ihnen selbst geschaffenen Sachzwänge. Deren Verrenkungen witzig und bissig, böse und intelligent zu kommentieren ist zuwenig.

In einer Literatur, die mehr will, als nur alle Welt betroffen machen, müssen auch Flüche ihren Platz haben. Alles hat sich entwickelt, die Technik, die Waffen, die bürgerlichen Rechte. Nur die Literatur ist im 18. und 19. Jahrhundert stehengeblieben. Es ist unglaublich. Sie denkt nicht daran, ihre Freiheiten und Rechte wahrzunehmen, geschweige denn, sie hemmungslos auszureizen, wenn es sein muß.

Das Schimpfen ist außerhalb der literarischen Konvention. Die Machthaber basteln seit Jahrzehnten an wahrhaft unkonventionellen Waffen, die Literaten aber glauben immer noch, sich auf die konventionellen Mittel der Recherche und der Argumentation beschränken zu müssen. Es ist allerdings zweifelhaft, ob in der gegenwärtigen Situation Argumente noch eine Wirkung haben. Die einen sagen, Waffen und Atomkraft und sechsspurige Autobahnen müssen sein. Die anderen sagen, das muß nicht sein. Jeder nennt ausführlich seine Gründe, und alles nimmt seinen konformistischen Gang.

Die Politiker werden unentwegt ausfällig, die Literaten aber pfeifen sich gegenseitig zurück, und langjährige Leser kündigen erbost ihre Abonnements, wenn einmal gröbere Worte fallen.

Die Literatur ist ja entwicklungsgeschichtlich ein Emporkömmling. Bei Hofe diente sie einst zur Zerstreuung schmachtender Damen und wohlgelaunter Herren. In dieser Rolle als wohlgelittener Gast hat die Literatur gelernt, sich zu benehmen. Als Abhängige hat sie immer die Spielregeln eingehalten. Wenn sie kritisierte, dann benützte sie die Mittel der Satire und der Verschlüsselung. Das war auch nötig; andernfalls wären die Poeten noch rascher noch brotloser geworden. Die Literatur hatte höflich zu sein.

Heute benimmt sich die Literatur im großen und ganzen noch immer so, obwohl es nicht mehr nötig wäre. Das eben ist ihre Erblast. Die korrekte Kleidung, die sie sich mit viel Mühe aneignete, mag sie nicht ausziehen. Sie bleibt manierlich.

Manieren haben auch Vorteile. Wer galant daherkommt, dem wird eher ein Ohr geliehen als dem mit seinen Ketten rasselnden Punk. Dem Autor aber, der es satt hat, als guter Unterhalter für nichts als Heiterkeit zu sorgen, stellen sich schwierige Fragen: Wie verletzend kann er schreiben, ohne daß ihm die Leser weglaufen und nur noch ein paar Neurotiker ihm zuhören? Wann, wie oft und welcherart soll er sein Schwanzwedeln unterbrechen und ernsthaft beißen? Welche Flüche und Verwünschungen soll er ausstoßen und in welchem Textzusammenhang? Wirken Verbalinjurien besser in einem groben Text, oder sollte der Text besonders vornehm sein, damit, umrankt von edler Sprache, ein simples Wort wie »Drecksau« oder »Scheiße« besonders wirkt? Muß er künstlerische Qualität opfern, wenn er hin und wieder den Knüppel aus dem Sack zieht, oder kann der Text das Poltern und Scheppern vertragen? Soll er beim Schimpfen kühl bleiben oder in Rage geraten? Soll er im Affekt oder aus Berechnung beißen, mit Vorwarnung oder heimtückisch? Kann er auf Ausdrücke aus dem Fäkalbereich verzichten, oder lassen sie sich nicht vermeiden, wenn man politische Zustände und Gestalten treffend beschreiben will?

Fragen über Fragen, aber eine Antwort gibt es nicht. Denn wie man am besten schimpft, ist in Vergessenheit geraten. Es muß ja gut klingen, nicht heiser und haßerfüllt und auch nicht keifend. Wie wichtig sind gerade beim Schimpfen die Zwischentöne! Auch dürfen abgedroschene Reizwörter nicht benutzt werden. Wer ungebrochen von »Bullen« und von »Schweinen« herumkrakeelt oder gar von »Imperialismus« und von »Klassenfeind«, der ist stupide, und zu Recht wendet sich jeder von ihm ab.

Um endlich einmal etwas Aufbauendes und Positives zu sagen: Wir brauchen wieder eine Kultur des Schimpfens. Anknüpfend oder auch nicht anknüpfend an die abgerissene Tradition der barocken Strafpredigt müssen neue Möglichkeiten des literarischen Schimpfens entwickelt werden. Dem Wettrüsten kann man sprachlich nicht allein mit Endzeit-Romanen und lieblichen Friedensappellen begegnen. Mehr literarischer Zunder muß her. Dazu brauchen wir dringend eine neue Poetik, die der Verwünschung einen festen Platz in der zeitgenössischen Literatur einräumt. Es ist nicht mehr so viel Zeit, auch noch die nächsten 25 Jahre behaglich die Reprints von Aristoteles und Diderot zu studieren, von Jean Paul und Hegel, oder gar die Auslassungen von Marx und Engels zur Literatur.

Was lernen die Physik- und Chemiestudenten auf den Universitäten und in ihren Labors? Sie lernen ihr scheußliches Handwerk: wie man Gift macht und wie man es anwendet. Warum zum Teufel lernen die Literaturstudenten von ihren Professoren nichts über den Gebrauch von sprachlichem Gegengift? Wo bleiben die Forschungen, die sich gründlich mit der Anwendung des Tiervergleichs und der Fettkritik in der zeitgenössischen Polemik befassen, wo werden nach Art der ernstzunehmenden modernen Wissenschaft verbindliche Forschungsergebnisse auf den Tisch gelegt?!

Ich will doch nicht wissen, was sich zum zehnten Mal wieder einer über den Brechtschen Verfremdungseffekt ausgedacht hat. Ich will wissen, wie häßliche Worte wirken. Ich darf doch wohl von der Literaturwissenschaft einen Nutzen für meine Tätigkeit als Literat erwarten! Lesen kann ich auch allein. Ich will ein exaktes Tabellenwerk, das mir Auskunft darüber gibt, wie die Leser verschiedener Schichten auf literarisches Schimpfen reagieren.

Wie reagiert der rechts und wie der links wählende Studienrat in der Stadt über oder unter hunderttausend Einwohnern? Wie reagieren Rentnerinnen, wie die Hausfrauen von 25 bis 35 und die von 35 bis 50 Jahren? Wie reagieren Hauptschul- und wie Realschulabgänger mit mittlerer Reife, wie die leitenden und wie die nichtleitenden Angestellten, und wie unsere ganz besonderen Freunde, die selbständigen Akademiker? Wie reagieren die auf Fettkritik und Tiervergleich? Wenn ich mich zum Beispiel gezwungen sähe, einen Außenminister (Genscher) als halbtote Qualle zu bezeichnen, einen Wirtschaftsminister (Bangemann) als feiste Made, einen Forschungsminister (Riesenhuber) als pilzbefallenen Schimpansen, einen Kardinal (Höffner) als Ziegenbock, einen Parteisekretär (Geißler) als Kellerassel und einen Kanzleramtsminister (Schäuble) als Küchenschabe – was löse ich dann aus: Amüsement? Empörung? Beifall? Schrecken? Abscheu? Entsetzen? Schockiertsein? Zutreffendes bitte ankreuzen. Wenn Abscheu: Überträgt sich, wenn ja in welchem Maße, die Abscheu auf den Text? Empfindet der Leser es als eine Zerstörung der Ästhetik? Zuckt er zusammen oder zuckt er zurück, trägt die Beschimpfung dazu bei, den Beschimpften noch mehr zu verabscheuen oder regt sich eher der Trieb, den Beschimpften in Schutz zu nehmen?

Fragen über Fragen. Wieso wird da nicht interdisziplinär geforscht!? Wo bleiben die Medizinstudenten, die Herzschlag und Temperatur des Lesers messen, wo die Gehülfen des Allensbacher Meinungsumfrageinstituts, das von dieser eigentümlichen Frau geleitet wird, die ich hier, da ich schon von der Notwendigkeit des Tiervergleichs spreche, rasch als aufgescheuchte Schnepfe bezeichnen will.

Solange keine Forschungsergebnisse vorliegen (nach denen ich mich allerdings sowieso nicht verhalten würde), muß ich mich auf meine eigenen kümmerlichen Erfahrungen stützen und auf meine selbstgemachte Theorie der Verunglimpfung. Danach zweifle ich keinen Augenblick an der Berechtigung von Fettkritik und Tiervergleich. Ich habe tatsächlich größenwahnsinnigerweise Spuren von Hoffnung, daß die völlige Respektlosigkeit im literarischen Umgang mit ungeliebten Machthabern zu deren Untergang ein Scherflein beiträgt. Und auch wenn ein direkter Nutzen nicht nachweisbar ist, so ist es doch wenigstens für die Gegner des beschimpften Scheusals eine kleine Befreiung, auf die man nicht verzichten sollte.

Was die meßbare Wirkung von Literatur betrifft, mache ich mir keine Illusionen. Doch selbst wenn man nichts ändert, so ist es doch ein keineswegs kindischer Unterschied, ob wir uns gehorsam oder unter Protest zum Abgrund führen lassen; ob wir auf dem Dienstweg höflich unsere Bedenken anmelden oder ob wir unseren Führern wenigstens ab und zu in ihre dicken Hintern treten und sie verhöhnen. Unsere Würde können wir nur wahren, wenn wir sie wenigstens sprachlich wie den letzten Dreck behandeln. Es ist die reine Notwehr.

Wer fein bleiben will, soll fein bleiben. Es gibt Leute, die würden noch nach Ausbruch des dritten Weltkriegs ihre eilfertigen Fragen an die Verantwortlichen mit dem Abhaspeln der vollen Titel beginnen: Herr Bundeskanzler, Herr Minister, Herr Ministerpräsident: die Opposition wirft Ihnen mangelnde Aufklärung der Zivilbevölkerung vor, ist dieser Vorwurf berechtigt?

Diese Menschen würden höflich untergehen. Ein noch scheußlicherer Tod. Ich finde das impertinent. Man kann ein

Schwein nicht »Herr Bundeskanzler« nennen, das ist doch pervers. Das ist gegen meine Menschenwürde.

Es ist übrigens ein Unterschied, wer schimpft und wer den Tiervergleich anwendet. Als Strauß seinerzeit die Schriftsteller als »Ratten und Schmeißfliegen« bezeichnete und als Erhard von den »Pinschern« sprach, haben diese beiden Männer einen weiteren Beweis geliefert für ihren verkommenen Charakter und für den verkommenen Charakter der Wählermasse. Wer als Politiker den Tiervergleich auf eine andere Berufsgruppe als seine eigene anwendet, ist unakzeptabel. Die haben ihre Macht und ihren gottverdammten Bundestag mit dem gottverdammten Bundesadler; wer dort mit solchen Worten gegen Literaten herzieht, soll sich zum Teufel scheren. Die Literaten aber haben ihre Literatur, und dahinein paßt die Verunglimpfung mitsamt Fettkritik und Tiervergleich, und dumm ist, wer darauf verzichtet.

Ich war mir übrigens nicht immer so sicher, ob man die literarische Hochebene verlassen soll, um mit deftigen Flüchen seine eigenen Texte zu gefährden. Es gab aber dann eine Begebenheit in den 80er Jahren, die mich vollends überzeugte, daß dies gelegentlich nötig sei. Es war einmal ein Bundeskanzler, dessen einzige und eigenartige historische Leistung darin bestand, allein durch seine Existenz die Ekelhaftigkeit als ernstzunehmendes Kriterium in die politische Diskussion eingeführt zu haben. Kübelweise Spott und Häme gossen die Literaten über dieses völlig unempfindliche Monstrum. Auch ich hatte den Mann so gut ich konnte geschmäht, und auch ich war nie den Zweifel losgeworden, ob es sich lohnt, mit so viel Aufwand gegen eine dicke, fette, verkommene Null vorzugehen, nach deren Beseitigung nur die nächste Null emporsteigen würde.

Es war auf der Buchmesse in Frankfurt. Ich erinnere mich daran wie an einen Unfall: Erst fiel mir eine ungewöhnliche Bewegung in den Gängen auf. Die Besucher dieses riesigen

Messehallen-Hühnerstalls wurden unruhig, wie Geflügel vor der Sonnenfinsternis unruhig wird. Sie suchten die Verlagskojen auf und blätterten in Büchern, ein Verhalten, das man sonst nie auf der Buchmesse beobachten kann. Und dann war er da.

»Gott ist der schrecklich«, flüsterte ein Verleger neben mir, drehte sich um und verbarg sein Gesicht in den Händen. Wie oft hatte ich diesen Kanzler als wandelndes Brechmittel beschrieben, als hypertrophes Mastschwein, als was weiß ich. Wie man eben so etwas schreibt, um seinen Unwillen auszudrücken. Ich hatte es immer legitim gefunden, meine Abneigung in solche Worte zu fassen, aber es war auch leichtsinnig gewesen. Denn es hätte sein können, daß ein derart beschimpfter Mensch sich bei einer Begegnung als normaldummer und normalunsympathischer Normaldreckspolitiker erweist, den man für eine normale dumme Sau hält, aber nicht weiter darüber redet. Dieser aber übertraf meine schlimmsten Phantasien und bestätigte meine schrecklichsten Anwürfe gegen ihn als ungenügend.

Riesig, aufgeblasen, häßlich, angeschwollen, unsympathisch, dumm und böse schob er sich daher, wahrhaftig kein Witz mehr. Ein Kalbskopf auf der Platte eines Metzgers – aber selbst der nicht echt, sondern aus Plastik. In seiner ganzen Häßlichkeit hatte er natürlich auch etwas Verwunschenes, etwas von einem verfluchten Wesen, das längst tot ist und daher nicht sterben kann. Nicht nur mir brach der Schweiß aus, sondern allen in der Koje des überaus renommierten Verlags, in der ich mich gerade befand. Nichts Pflanzliches hatte diese Gestalt mehr an sich, nichts Tierisches und schon gar nichts Menschliches. Eine ausgestopfte, überdimensionale, von einem engen, scheußlichen Anzug zusammengehaltene Puppe aus Styropor, ein schreckliches Hormongespenst, aber nicht mehr komisch und für die Geisterbahn geeignet, sondern von einem unerträglichen Realismus. Einen Kopf größer als die Schar seiner Bewacher, die ihn in perverser Dichte umgab, wirkte er wie seine eigene gigantische Pappmaché-plastik, die bei einem Karnevalszug durch die Straßen gezogen wird. Nur, während das Volk dort über die lustige Nachbildung lacht, Konfetti streut und albern herumjubelt, verdrückte sich hier ein jeder, so gut er konnte, um diesem Pestzug auszuweichen. Dies immerhin war eine versöhnliche Beobachtung: die Ekelhaftigkeit der politischen Realität war nicht ein Einfall meiner überreizten Nerven, sondern für jedermann spürbar.

Seit diesem Erlebnis ist mir klar, daß es keinerlei moralische, sondern nur noch ästhetische Bedenken gibt, wenn es darum geht, an jenen Leuten Kritik zu üben. Jedes sprachliche Mittel ist recht, was das Verschwinden solcher Gestalten von der politischen Bildfläche beschleunigt. Man darf seine natürliche Abneigung in solchen Fällen nicht ständig mit dem skeptischen Argument zurückhalten, was nachkomme, sei auch nicht besser.

Aber ach, was tun die Literaten. Sie knurren böse, und ab und zu ist mal einer »herrlich bissig«. Sie liegen im Zwinger herum und sind stolz auf ihren guten Charakter und ihr gesundes Gebiß. Sie lassen sich sogar streicheln, wenn sie Preise bekommen für ihre Schönheit und ihr herrchentreues Wesen. Aber was rede ich von den Literaten, als gehörte ich nicht dazu, wo ich mich doch selbst in diesem Haufen tummle. Man könnte uns fast zu Vaterlandsverteidigern abrichten. Dabei ist die Tür vom Zwinger gar nicht verschlossen. Wir aber scharen uns alle um die Freßnäpfe und schnappen uns gegenseitig. Kannibalismus ist ein typisches Zwingersymptom. Jeder macht jeden schlecht. Alle prügeln auf Handke herum oder auf Grass. Der ist dem einen zu esoterisch, und dieser ist jenem zu moralisch.Es ist immer dasselbe.

Aber selbst die Poeten, mit deren Sachen man nichts anfangen kann, sind doch längst nicht so schrecklich wie die Machthaber. Man kann die Literaten nicht vereinen. Aber die Eifersüchtelei und die Herumwurstelei von Einzelnen macht die Literatur nicht kräftiger. Wenn ich hier mal das Ergebnis meiner unerhört geschwätzigen Dr. Arbeit in einem Satz zusammenfassen darf: Seit gut zweihundert Jahren werden Dichter und Künstler systematisch als Außenseiter idealisiert und damit isoliert; und sie selbst haben in ihrem Unverstand am meisten dazu beigetragen, sich in diese Position zu begeben. Jetzt haben wir den Dreck.

In der Isolation aber kann man auf die Dauer nur wunderlich werden; natürlich kann man dort nicht mehr an die Wirkung von Literatur glauben. Daher unterbreche ich mein Querulieren, um ein weiteres Mal etwas Konstruktives zu sagen:

Wie wäre es, wenn sich die Literaten untereinander in Frieden ließen und sich in kleinen überschaubaren und beweglichen Gruppen nach dem Vorbild der 7 Samurai zusammenschlössen!? Eine Handvoll Leute desselben Gewerbes, die sich untereinander halbwegs gut verstehen und die sich halbwegs erträglich finden. Das reicht als Basis. Bloß keine Bündnisse. Vage ist man sich einig, wen und was man ablehnt. Aber man vergeudet nicht seine Kraft, indem man auf andersdenkende Kollegen hackt. Jeder beherrscht eine Textart besonders gut. Das schärfste Gedicht allein ist kein Messer, aber gemischt mit ein paar anderen Knüppeln und Schleudern sieht die Sache schon besser aus. Die Mischung gibt die Kraft. Mit edlem Stammbaum kommen wir nicht weiter. Resistent und von der nötigen Unberechenbarkeit sind heute nur noch die Mestizen. Und so macht einer Gedichte, die einem in den Magen fahren; und einer schreibt Geschichten, daß einem die Luft wegbleibt. Und hier hat auch der findige Rechercheur seinen Platz, der die wuchtigen Schreiber mit den unglaublichsten Fakten versorgt. So sollen Pamphlete entstehen, die

Schweißausbrüche auslösen, und Romane, die nicht den Leser umwerfen, sondern das, was sie attackieren; und Dramen werden geschrieben, daß dem entzückten Publikum die Spucke wegbleibt, während die Generalintendanten und Kultusminister noch in der Nacht der Uraufführung vor Schreck den Veitstanz bekommen.

So muß es sein. In jeder Samurai-Gruppe sind auch Frauen, das ist wichtig. Und der gemeinsame und gerechte Zorn macht schön. Und die Schönheit macht verliebt. Und nur die Liebe und die Sehnsucht machen die Texte gut. Ohne Liebe wird der Zorn blindwütig. Poesie ohne Liebe ist Müll. – So aber wird eine literarische Qualität entstehen, daß selbst die bravsten liberalsten Zeitungen sich danach reißen werden, die Texte der Samurai zu drucken. Die Mischung wird wirken.

Kein Autor braucht seine Vorlieben aufzugeben. Schreiben soll er wie bisher von Wald und Sümpfen, von Schnellstraßen meinetwegen, lieber von Gartenzäunen mit dem verlorenen Handschuh aus Wolle auf einer der Latten; von Frauen soll er schreiben, die winken oder nicht winken, wenn sie, mit dem Auto nach Hause gebracht, in der Tür verschwinden. Alles gut, alles schön; alles wichtige und erhaltenswerte Sujets! Kein Bildersturm, alles bleibt erhalten: »Brauner Mädchen wilde Lieder sind verweht im Blätterfall ... und zur milden Lampe drinnen, kehrst du wie im Traume ein« – kein Herbst ohne Trakl. Und keine Dämmerung ohne Alfred Lichtenstein, der im ersten Schweineweltkrieg starb und den ich ebenso verehre, wie ich den Dummkopf von Kaiser und den blöden Fuchs von Bismarck verachte: »Ein dicker Junge spielt mit einem Teich. / Der Wind hat sich in einem Baum gefangen. / Der Himmel sieht verbummelt aus und bleich / als wäre ihm die Schminke ausgegangen.« Wenn man einen Opel mit Ralleystreifen durch diese Landschaft fahren läßt, dann hat man den tödlichen Provinzfeierabend von Niederbayern bis zur Lüneburger Heide. Unübertreffliche Bilder: »An einem Fenster steht ein dicker Mann. / Ein Jüngling will ein weiches Weib besuchen. / Ein blonder Dichter wird vielleicht verrückt.« So ist es gut.

Kein Mensch will eine Radau-Poesie. Nichts wäre fürchterlicher als eine Literatur, die ständig herumprügelt. Daher mag der Autor sechs Tage schreiben, was er will. Auch wenn er die Seele nach außen krempelt, will ich ihn nicht mehr verspotten, sondern dazu nur noch milde einen endgültigen Satz aus Grimms Märchen vom Krautesel zitieren: »Was liegt da für ein Erdwurm und beschaut sich inwendig?« Am siebten Tag aber sollen die Fetzen fliegen. Und schon am Abend vorher will ich mir ein passendes Gedichtchen machen:

To be blond

Wenn schon Dichter
dann schwarz und nicht blond.
Schwarz und mit harter Sprache.
Spanisch vielleicht.
Und dann mit diesem Zwischenzahnlaut
durch die Gegend peitschen:
imaginación, manifestación, realización, frustración,
liberación, irritación, revolución, masturbación.

Da aber hell und harmlos mein Haar
und die Haut nicht oliv leider
wie sich's gehört –
soll ich es sein lassen deshalb
oder verrückt werden
oder färben den Schopf
oder was?

Wenn Kanzler, Minister, Ministerpräsidenten und Regierungssprecher ihren Sprachdreck lange genug via Fernsehen in unsere Wohnzimmer abgeladen haben, dann ist es Zeit für die literarischen Samurai. Sie klagen nicht lange über die Ohnmacht ihres Metiers. Sie sprechen sich ab, und dann lassen sie es richtig knallen. Peng.

Was mich betrifft, so würde ich dabei nicht über das herfallen wollen, was ohnehin schon überall erfolglos kritisiert wird. Wenn Kardinal Höffner in Sachen § 218 wie ein Ziegenbock meckert, dann möchte ich mich darauf nicht mehr einlassen. Das ist mir zu billig, zu abgeschmackt, zu ordinär. Viel interessanter ein Satz, den der Kardinal zum Ausstieg aus der Kernenergie zum besten gab: »Die Folgen dieser Entscheidung müssen sorgfältig bedacht werden«, sagte der Mann. Was ist denn das nun wieder für ein Satz? Der trifft ja auf alles zu! Muß man Kardinal werden, um einen so kardinalnichtigen Satz zu verkünden? Solche Sätze zeigen viel deutlicher die Borniertheit ihrer Verkünder als die üblichen Hetzkampagnen.

Oder: Wenn Geißler, der Parteisekretär der Christdemokraten, im Fernsehen meint, Chiles Diktator Pinochet trete die Menschenrechte mit Füßen und es wäre nun an der Zeit, den Diktator abzulösen, dann hat er damit vollkommen recht. Auch noch ganz pseudoschlau mag sein Gedanke sein, man müsse dem General den Rückzug leichtmachen, ihn gewissermaßen aus seinem Land herauskomplimentieren. Na gut. Zwar paßt mir das Grinsen nicht, das Geißler auch bei diesem Thema nicht ablegt, aber gut, wichtig ist, die Ära dieses Schwerverbrechers Pinochet zu beenden, der ja einem Nazimassenmörder in nichts nachsteht. Und jetzt wird Geißlers Grinsen noch dreister, und er sagt abschließend: »Warum soll man es dem General nicht ermöglichen, außer Landes einen ruhigen Lebensabend zu genießen.« Der Reporter stieß dem Sekretär keineswegs das Mikrophon ins Maul für diesen ungeheuerlichen Nachsatz, der die ganze Verkommenheit des Politikers offenbart. Eben deswegen muß es die 7 Samurai geben, die es solchen Schnauzen literarisch heimzahlen.

Entschließt man sich zum literarischen Zubeißen und zum unschönen und kräftigen Schimpfen, so gibt es neben den noch völlig ungeklärten ästhetischen Fragen, wie das sprachlich am gelungensten zu geschehen habe, noch ein paar juristische Punkte, die zu beachten sind.

1. Der Text muß von hoher künstlerischer Qualität sein, nicht nur, weil Schimpfwörter eine polierte Fassung brauchen, um optimal zu wirken; und nicht nur, weil solche Texte ja gerade von seriösen Organen publiziert werden müssen; sondern auch, weil man der Staatsanwaltschaft jederzeit ein Gutachten entgegenschleudern können muß, aus dem hervorgeht, daß es sich um höchste Kunst handelt. Damit hat sich die Staatsanwaltschaft wieder einmal lächerlich gemacht.

2. Die Verunglimpfung muß derart treffend sein, daß Autor und Verlag die Gunst eines großen Publikums hinter sich haben. Stehen ein paar Millionen Leute hinter einem, sieht es für den Staatsanwalt nicht gut aus, auf die Entfernung beleidigender Stellen zu dringen. Gleich zöge die Regierungspartei den Volkszorn auf sich. Die Regierungsparteien betreiben ihre erbärmliche Mißwirtschaft mit dem Hinweis auf ihr Auserwähltsein, im Schutz der Wählermasse. Aber die Kritiker der Regierung können sich auf einen großen Teil der oppositionellen Wähler und auf die nicht zu verachtende Masse der Staatsverdrossenen stützen. Dieser Rückhalt ist wichtig. Einzelkampf ist romantische Idiotie.

3. Die Schimpfworte schließlich müssen nicht nur treffend und amüsant sein, sondern auch so peinlich für die Beschimpften, daß der Staatsanwalt, auch wenn er klagen möchte, von politischen Beratern zurückgehalten wird. Denn ein staatsanwaltschaftlicher Zugriff ginge sofort durch die Presse. Damit wäre für die massenhafte Verbreitung der Schimpfworte

gesorgt. Ist die Verwünschung gräßlich genug, dann ist sie nicht mehr ohne Gesichtsverlust für den Beschimpften öffentlich zitierbar. Dieser Mechanismus schützt den Text vor dem Zugriff des Staates. – Es wäre auch möglich, ein Publikationsverbot anzustreben und dann in Kampagnen über den Zensur-Staat herzufallen. Aber dazu muß man sprachlich unter sein Niveau gehen, man muß so billig schimpfen und so kunstlos, daß aus den erwähnten Gründen der Staatsanwalt freie Hand hat. Das ist ohne Witz.

Ich bin in der glücklichen Lage, von undichten Stellen im Kanzleramt mit Andeutungen versorgt zu werden, und möchte zur Veranschaulichung aus meiner Erfahrung als Regierungsbeschimpfer ein Detail ausplaudern. Es ist noch nicht lange her, da machte ich mich über den schlechten Geschmack der Wähler in einem Essay lustig, in dem ich auch mit Hilfe der sogenannten Fettkritik arbeitete. Um es deutlich zu machen, bin ich gezwungen, nach Art alter Professoren eine eigene Textpassage zu zitieren:

> »War die Wende womöglich nichts anderes als ein Umkippen des ohnehin schlechten politischen Geschmacks ins Faulige? Die Metapher ist verführerisch, aber wir wollen die Legende von einer substantiellen Umwandlung der Politik nicht mit schiefen Bildern stärken. Die Wende war nur ein Sieg des noch schlechteren Geschmacks. Das Fleisch ist nun noch wattiger, pampiger, schwammiger geworden, noch aufgeblähter und hormoneller. Brandt und Wehner hatten noch ein paar Knochen. Kohl ist die gelungene Züchtung eines knochenlosen, ungefiederten Mastgeflügels, abscheulich anzusehen, fad im Geschmack und doch ein Bombengeschäft für die bundesdeutsche Großküche.« (›Kursbuch‹ 79, Februar 1985, S. 11 f.)

Wie reagiert man im Hause des Kanzlers auf eine solche Bemerkung? Zuerst einmal kopiert man die entsprechenden Seiten und reicht sie ein bißchen herum. Einige schmunzeln verborgen, andere lachen wiehernd, je nach Zivilcourage, Temperament und Karrierestreben. Einige sind natürlich auch empört. Es ist nicht die Mehrzahl. Einer zittert vor Zorn, einer wird in der Nacht vor Ärger nicht einschlafen können und von härteren Gesetzen träumen. Anderntags wird im Amt beim Eingießen von Bürokaffee flüchtig diskutiert. Einige, auch einige von denen, die gelacht hatten, sind der Ansicht, das könne man so nicht hinnehmen. Einer sagt, der Rechtsstaat sei herausgefordert. Keiner weiß, wie das gemeint ist. Soll man den Text dem Kanzler zeigen, der ja nun in diesem Fall der tatsächlich Betroffene ist? Das ist zu peinlich. Die Beschreibung ist ja so entsetzlich treffend. Der Kanzler hat genug Ärger, man will ihn damit verschonen. Einer sagt, hier sei doch nur beschrieben, was täglich jeder bessere Karikaturist mit seinem Strich tut. Was tun? Man läßt dem Justitiar eine Kopie zukommen mit der Bitte, die Rechtslage zu prüfen. Der Justitiar amüsiert sich über den Text und schickt ihn einem befreundeten Rechtsprofessor nach Berlin. Knappes Begleitschreiben: »Als Justitiar des Kanzleramtes bitte ich Sie zu prüfen, ob rechtliche Schritte möglich und geboten sind.« Mit einer Büroklammer heftet er einen handschriftlichen Zettel bei: »Köstlich, was! Grüß Gerda.« Vier Tage später liegt das Rechtsgutachten vor: Der Autor gehe hart an die Grenze des allenfalls rechtlich noch Vertretbaren, schreibt der Gutachter; der Eindruck dränge sich auf, »daß der Artikel vor Veröffentlichung vom Verlag bereits juristisch überprüft worden ist«. Sodann klärt das Gutachten den Unterschied zwischen »unwahren Tatsachenbehauptungen« und »abschätzigen Werturteilen«. Falsche Tatsachenbehauptungen lägen nicht vor. Das Gutachten führt aus: »Der Schwerpunkt des Artikels liegt eindeutig auf dem Gebiet der

Werturteile bzw. Meinungsäußerungen. Im Blick auf das *fundamentale* Grundrecht der Meinungsäußerungsfreiheit (Art. 5 GG) sieht die höchstrichterliche Rechtsprechung eine Überschreitung der ohnehin sehr weit gezogenen Grenze nur dort, wo sich eine Veröffentlichung als eine bewußte sog. *Schmähkritik* erweist (so seit BGHZ 45 S. 246 – ›Höllenfeuer‹ vom 21. 6. 1966). Speziell aber gegenüber dem Vorwurf der Schmähkritik kommt der Einwand der ›bloßen‹ *Satire* zum Zug.« Im weiteren Verlauf ist im Gutachten von »sozialadäquater Ironisierung« die Rede (OLG Hamburg in MDR 1967 S. 146). Das Bild von Kohl als »gelungene Züchtung eines knochenlosen, ungefiederten Mastgeflügels« sei zwar geschmacklos, aber im Grunde satirisch zu verstehen, schreibt der Gutachter, und wie es scheint, zitiert er nicht ohne Vergnügen die einschlägigen Begriffsschöpfungen. Das Gutachten schließt: »Im Ergebnis ist demnach festzustellen, daß die Aussicht, mit Erfolg gegen diesen Artikel vorzugehen, recht gering ist. Das Prozeßrisiko kann von hier nicht verantwortet werden.«

Ein zweites Gutachten sieht den Tatbestand der Schmähkritik erfüllt, der Justitiar aber rät dringend von einem juristischen Vorgehen ab. Mittlerweile hat bereits die Illustrierte ›Stern‹ die einschlägige Passage als »Zitat der Woche« nachgedruckt (Nr. 13, vom 21. 3. 1985, S. 140). Wenn man einschreitet, macht man für die Publikation nur gratis Reklame und sorgt für die weitere Verbreitung all dieser degoutanten Bezeichnungen. Wir sind ein Rechtsstaat, meine Herren, sagt einer, und es kommt uns zugute, wenn wir auch solche Kritik gelassen hinnehmen. Der Beamte, der neulich nacht nicht einschlafen konnte, nimmt sich vor, über den Autor Erkundigungen einzuziehen und wenigstens dafür zu sorgen, daß er bei den öffentlich-rechtlichen Rundfunkanstalten keine Aufträge mehr erhält. Aber irgendwie bleibt seiner intriganten Aktivität kein Erfolg beschieden, sei es, daß die heimliche

Anweisung auf dem Weg durch die Verwaltung steckenblieb, sei es, daß einer der wenigen durchaus vorhandenen pfiffigen Hauptabteilungsleiter die schmutzige kleine Notiz, die ihm sein Intendant zuschob, mit den Worten in den Papierkorb warf: Das würde den Idioten so passen!

Das Verunglimpfen ist im Grunde nur die Erfüllung dessen, was auch ganz konservative Essayisten in Wochenendaufsätzen immer wieder fordern: Kunst müsse zu weit gehen. Das Lachen müsse einem im Halse steckenbleiben.

Ich habe mich oft über diese betulichen Wendungen lustig gemacht. Der konstruktivere Weg aber ist es, die leeren Klischees beim Wort zu nehmen und tatsächlich mit Inhalten zu füllen: wirklich zu weit gehen! Wirklich schreibend erschrekken! Kalt soll es dem Leser zwischendurch werden vor Schreck, damit er nachher um so heftiger zu lachen hat. Und für die Beschimpften und Gebissenen muß es schmerzhafter sein als ein aufgeflogener Schmierspendenskandal, wenn sie, von den Literaten entblößt, splitternackt in all ihrer Erbärmlichkeit dem Gelächter der Öffentlichkeit ausgesetzt sind.

Im Grunde ist solches Verunglimpfen nichts anderes als ein außerparlamentarisches Korrektiv, eine Art literarische Demonstration. Im Gegensatz zu den Demonstrationszügen in den Straßen, die nach dem Versammlungsgesetz angemeldet werden müssen, lebt aber die literarische Demonstration gerade von ihrer Überraschung.

In der Literatur des 19. Jahrhunderts finden sich etliche Beispiele gelungener Beleidigungen, denen man auch heute noch wertvolle Anregungen entnehmen kann. In Dostojewskis »Dämonen« geht Nicolai Stawrogin, der fürstliche Nihilist, inmitten einer erlauchten Abendgesellschaft auf einen General zu, packt ihn an der Nase und zieht ihn quer durch den Salon. Lähmung und Entsetzen unter den Gästen. Später fällt ihnen auf, daß Stawrogin im Augenblick der Tat »fast nachdenklich« gewirkt habe. Nach diesem »unverzeihlichen

Streich« sei er nicht etwa verlegen gewesen, sondern er habe »boshaft und heiter gelächelt, ganz ohne die geringste Reue«. Als nach der Erstarrung Lärm und Empörung losbricht, »drehte sich Nicolai nach allen Seiten, sah sich rings im Kreise um und betrachtete neugierig die Gesichter der durcheinander schreienden Menge«. Später entschuldigt er sich beim General auf derart unverschämte Weise, »daß die Art seiner Entschuldigung einer erneuten Beleidigung gleichkam«. – Und siehe, nicht an dem grandiosen Saboteur bleibt der Makel hängen, sondern am General. Er ist der Mann, den man an der Nase herumführte, er hat nichts mehr zu melden, wo immer er auftaucht, man wendet sich nur noch ab und lacht.

Notiz

Diese Entrüstungen sind vom September 1984 bis zum Dezember 1986 als *Sterns gesammelte Entrüstungen* in dem Kulturmagazin ›Westermanns Monatshefte‹ erschienen (ab Mai 1986 ›Westermann's‹ genannt). Die Texte wurden vom Autor zum Teil verdoppelt und verdreifacht, zum Teil geschliffen und zum Teil aufgerauht.

Der Rabe

Das unterhaltsamste Literaturmagazin
deutscher Sprache
üppig bebilderte Taschenbücher, begründet und
herausgegeben von Gerd Haffmans,
Umschlagzeichnungen
von Friedrich Karl Waechter,
F.W. Bernstein, Almut Gernhardt,
Nikolaus Heidelbach, Volker Kriegel,
Michael Sowa, Hans Traxler
und Robert Gernhardt.

Noch lieferbare Raben:

34 Der Tagebuch-Rabe
35 Der Wissenschafts-Rabe
36 Der Schul-Rabe
37 Der heilige Rabe
38 Der Tier-Rabe
39 Der maritime Rabe
40 Der kriminelle Rabe
41 Der Architektur-Rabe
42 Der 13-Jahres-Rabe